エンゲージメントを高める会社

人的資本経営におけるパフォーマンスマネジメント

松丘 啓司

はじめに

人的資本経営という言葉が注目されてきています。人的資本経営とは、企業価値を向上するために人的資本の価値を高める、あるいは人的資本の価値を高めることによって企業価値を向上する経営を意味しています。

人的資本の価値というと、専門的な知識やスキルの価値が思い浮かぶかも知れません。もちろん、知識やスキルは重要な要素ですが、スポーツなどと同様に、技術が大きな成果を生み出すには、プレーヤーの心理的・精神的なエネルギーが欠かせません。そのエネルギーが、いわゆる「エンゲージメント」です。

知識やスキルはエンゲージメントを伴うことで価値を発揮します。エンゲージメントはまた、新たな知識やスキルの獲得に向けた個人の意欲を高めます。個々人のエンゲージメントが高い組織は、優秀な人材を惹きつけるとともに、人材の流出を防ぎます。

さほどに、エンゲージメントは人的資本経営の中核的な要素ですが、「どうすれば個のエンゲージメントを高められるか」というテーマに関する、人事・組織マネジメントの観点からの体系的な解説は不足しています。本書の第1の目的は、その解説を行うことにあります。

一方で、人的資本経営が注目される以前から、日本企業における人事・組織マネジメントの問題点はしばしば議論されてきました。特に、ほとんどの大企業で行われているMBOと呼ばれる目標管理制度が、従業員の動機付けや成長支援にあまり役立っておらず、イノベーションの妨げになっているという問題意識はしばしば聞かれます。

本文でも述べているように、MBOは既にその歴史的使命を終えたマネジメント方法と捉えていますが、なぜ抜本的な変革がなされずにここまで来たかという大きな理由として、MBOに代わるマネジメント方法の全体像が明確になっていないことがあげられます。

本書の第2の目的は、従来のMBOを中心とした人事・組織マネジメントに代わる、新たなマネジメント方法の全体像を提示することです。OKR、1on1、360度フィードバック等の個々の手法に関しては、これまでにいくつもの解説書が存在していますが、それら個別の部分を統合した全体のプロセスについては、ほとんど解説されていませんでした。

そして、第1の目的である「エンゲージメントを高める人事・組織マネジメント」と、第2の目的である「MBOに代わる新たな人事・組織マネジメント」は、もちろん同じものを指しています。本書では、この新たなマネジメントプロセスの全体像と、企業がその導入に向けて変革を推進する際の主要なポイントを解説しています。

なお、本書に記述されている内容は、すべて実際の企業で実践されているものであり、机上の空論はいっさい含まれていません。

筆者は2016年に「人事評価はもういらない」という書籍でノーレイティングや1on1を紹介し、2018年に「1on1マネジメント」という書籍で1on1についての詳しい解説を行いました。その後、5年間、新たな人事・組織マネジメント（特にパフォーマンスマネジメント）の必要性とあり方に共感していただいた何人もの経営者とともに、実際の企業変革に取り組んできました。具体的な企業名（ほとんどが上場企業）は記載していませんが、本書の内容は実地での度重なる議論と検証を経たものとなっています。

新たなパフォーマンスマネジメントは、これまでの人事・組織マネジメントとは異なる発想に立脚しています。筆者が企業のお手伝いを始めると、「なかなか進まなかった検討従来が一気に進み始めた」と言われることがよくあります。なぜそうなるのかと言うと、従来の固定観念から脱却できるようになるからです。

「それについては、こう考えればよいですよ」と私が伝えると、「それでよいのか」「それでしっくりくる」といったように、喉につかえていたものが取れたような反応をされることがよくあります。何かおかしいなと感じていても、これまではそうだったからといった固定観念が変革の大きな障害になっているのです。

本書では、ＯＫＲ、１ｏｎ１、ノーレイティング、３６０度フィードバック、パーパス・ビジョン・バリュー、人材開発会議、ジョブポスティング、キャリア研修、エンゲージメントサーベイ等の個別の手法や施策についても取り上げていますが、それらのベースに一貫した考え方が存在することに気づかれると思います。本書を読まれることで、いつの間にか従来の固定観念が払拭され、新たな発想を吸収していただけたら嬉しく思います。

２０２３年2月

松丘 啓司

エンゲージメントを高める会社——目次

第2章 OKR
——目標設定を科学する

第3章　1on1
――パフォーマンスマネジメントの土台

第4章 評価とフィードバック

——行動変革を促す

第5章 キャリア自律の促進
——組織の自律度を高める

第6章 エンゲージメントサーベイ
——継続的改善のバロメーター

第7章 変革マネジメントによる組織開発

第1章

ワークエンゲージメントを軸とした人事・組織マネジメント

column

「これまでの社会人生活でいちばん充実していた頃の経験について教えてください」

企業の管理職研修で、私は受講者に対してしばしばこの問いを投げかけます。受講者の中には「今がいちばん充実しています」と答える人もいますが、多くの人々は20代後半から30代の頃の経験について語ります。

「その頃は現場で仕事を任され始めて、毎回、はじめての体験の連続でした。苦労をたし、失敗も少なくありませんでしたが、自分の力で仕事をやり遂げる充実感がありました」「若いメンバーと一緒にチームの目標を達成するためにがんばりました。皆で役割を分担して相談し合いながら試行錯誤を続け、目標を達成した時の喜びが忘れられません」

管理職になるとこのような成長実感や達成感を得られる機会が減少しているのは残念なことですが、日々、充実感があった頃の体験は10年、20年が経過しても、心の中に鮮明に焼き付いているようです。

さらに、「その時の仕事の成果はどうでしたか?」と尋ねると、ほぼ全員が「成果が出ていた」と答えます。成果を伴っていたから記憶に残っているのかも知れませんが、充実感があったのは成果が出たことよりも、そこに至るプロセスにおける心理状態にあります。

1 仕事の成果を高めるワークエンゲージメント

働き方改革の進展とともに、「ハードワーク」はどちらかというと良くないことのように考えられる風潮があります。「ハードワーク＝長時間労働」と捉えると、強制された長時間労働は心身の健康を害することにつながるため、けっして望ましいこととは言えません。

しかし、「ハードワーク」には「真剣に、精力的に仕事に従事する」という意味もあります。強制的に働かされるのではなく、みずからの意思で努力することは否定されるべきことではありません。そればかりか、仕事にのめり込むような没入感は、成果を高めるうえでむしろ重要です。

このような仕事におけるポジティブな心理状態を「ワークエンゲージメント」（Work Engagement）と呼びます。「ワークエンゲージメント」は以下の3つの要素によって複

合的に構成される概念です。[注1]

● 活力：仕事中のエネルギーレベルや心理的な回復力が高い状態
● 熱意：仕事に対する意義ややりがいを感じて深く関与している状態
● 没頭：仕事に集中することで満ち足りた気持ちになっている状態

個人のワークエンゲージメントが高ければ仕事の成果（パフォーマンス）も高まるというのは、感覚的に理解が容易です。仕事に打ち込める心理状態では成果が出やすく、打ち込めない心理状態では成果が出にくいことは、誰の経験からもわかることだからです。実際にワークエンゲージメントとパフォーマンスの関係については、これまでに国内外で多くの検証調査が行われています（**図1**）。[注2]

ワークエンゲージメントが仕事のパフォーマンス向上につながるのであれば、従業員一人ひとりが自身のワークエンゲージメントを高めればよいのではないかと思われるかも知れませんが、それほど単純にはいきません。ワークエンゲージメントの高低は、本人の責任というよりも周囲からの「動機付け」による影響が大きいからです。しかし逆に言うと、ワークエンゲージメントを高める動機付けを人事・組織マネジメントの仕組みに組み込むことができれば、個人と組織のパフォーマンス向上につながるはずです。

なお、ワークエンゲージメントに近い概念に「従業員エンゲージメント」(Employee Engagement) があります。両者は重なりあっていますが、私たちの実証研究でも「ワークエンゲージメント」が根幹にあることがわかっています。従業員エンゲージメントを含めた全体像については、第6章であらた

図1 | ワークエンゲージメントと個人のパフォーマンス

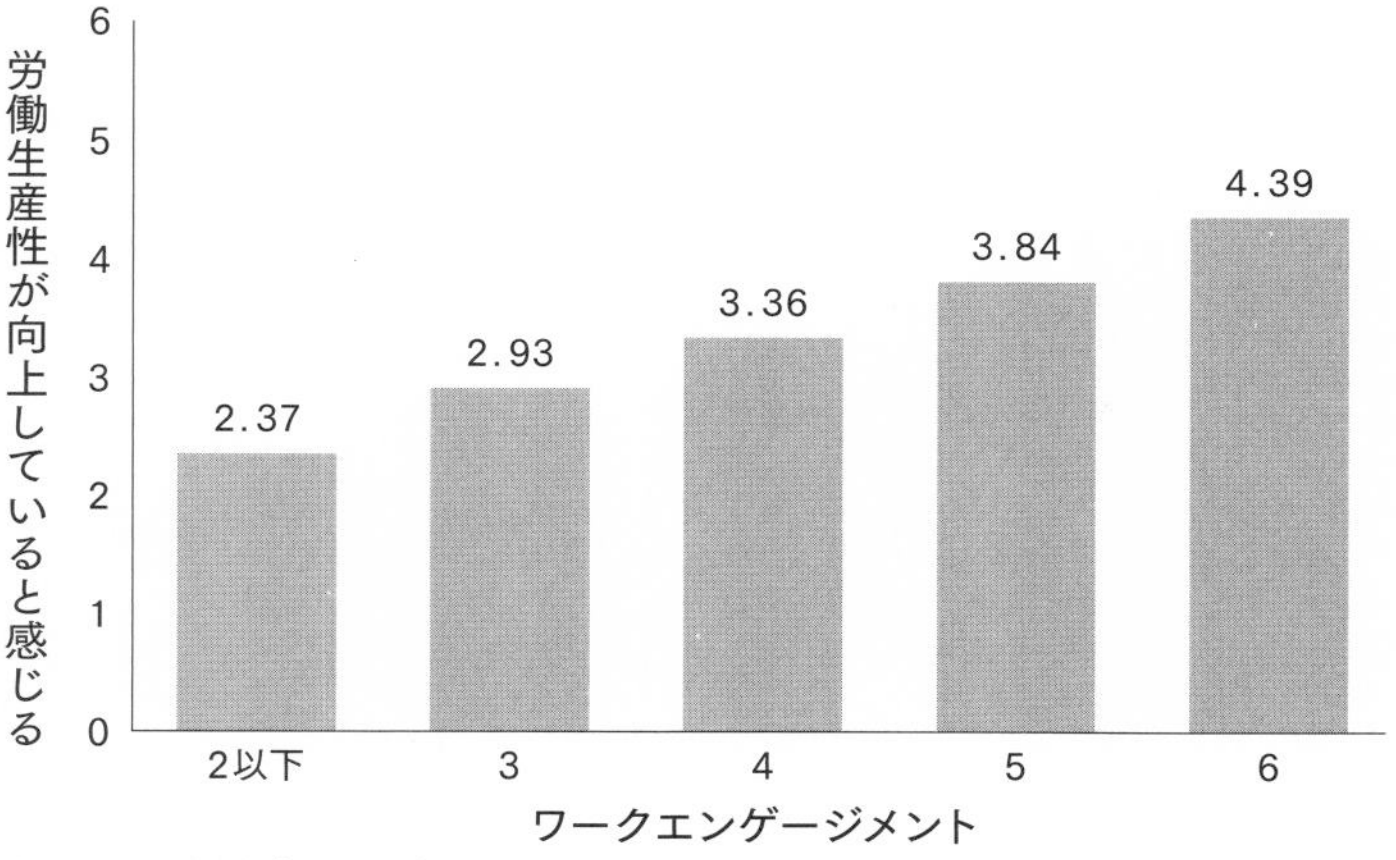

出所：労働経済白書（令和元年）

めて解説しますが、本章ではワークエンゲージメントを中心に扱います。

2 ワークエンゲージメントを下げる動機付けと高める動機付け

人事制度等に基づいた組織マネジメントは、従業員を成果創出に向けて動機付けることを重要な目的としていますが、動機付けの方法によっては、ワークエンゲージメントを高める方向に作用することもあれば、逆にマイナスの方向に作用してしまうこともあります。[注3]

図2における下段の3つはワークエンゲージメントを低下させてしまいます。

● 感情的圧力：「怖さ」「きまずさ」「恥ずかしさ」といった感情面に圧力をかける動機付け

● 経済的圧力：報酬や処罰を手段として圧力をかける動機付け
● 惰性：仕事だからやっているだけ。動機付けがない状態

目標を達成しないと叱られる、評価を下げられるといった恐怖心をあおるマネジメントは圧力的な動機付けです。後で詳しく述べますが、強弱はあれども、圧力的な動機付けに基づいた組織マネジメントを実施している企業は少なくありません。

ワークエンゲージメントを高める動機付けは図2の上段の3つです。

図2｜プラスの動機付けとマイナスの動機付け

プラスの動機付け	楽しみ（play）	仕事自体が楽しいことが動機。楽しみは学習本能、好奇心、実験精神、難題へのチャレンジ意欲と関わっている
	意義（purpose）	自分の仕事の成果が社会的に貢献していると感じられる
	可能性（potential）	仕事の成果が自分にとってプラスとなる、仕事によって自分の可能性が広がると感じられる
マイナスの動機付け	感情的圧力（emotional pressure）	やらないとひどい目にあう等、恐怖、同調圧力などの脅威を感じている。仕事内容とは関係がない
	経済的圧力（economic pressure）	報酬を得る、評価が下がるのを避ける、処罰を逃れることが動機。仕事内容は何でもよい
	惰性（inertia）	惰性で仕事をしている。動機付けがない状態

出所：「従業員のパフォーマンスを左右する6つの動機」（レンジー・マクレガー、ニール・ドシ、Diamondハーバードビジネスレビュー、2016年3月16日）

●楽しみ：仕事自体の楽しさによる動機付け
●意義：自分の仕事が社会に役立っているという実感による動機付け
●可能性：仕事を通じて自分の可能性が広がると信じられることによる動機付け

これら3つの中でも、もっともプラスに作用する動機付けは「楽しみ」であると言われています。「楽しみ」というのは、仕事以外の趣味やスポーツでも同様ですが、はじめはうまくできなかったことが、工夫して、試行錯誤して、学習することによって、だんだんとできるようになる成長実感や、それまで克服できなかった課題がクリアできることによる達成感が、仕事の中で継続的に得られることで感じられるものです。

これは冒頭で紹介した充実体験とよく似ています。研修受講者の体験談では、「楽しみ」という動機付けが働いていたことがわかります。「仕事が楽しい」と感じられることによって、ワークエンゲージメントが高められていたのです。

そして、この「楽しみ」という動機付けが機能する前提となるのが「自律」です。

3 他律では高まらないワークエンゲージメント

「楽しみ」が感じられるためには、実験精神やチャレンジ精神を発揮できることが不可欠です。「次はこれをやってみたい」「これをやってみたらどうなるだろうか?」と考えることができ、それを実行に移せる状況にあることが必要だからです。そのためには、「やるべき仕事を自分で決めることができる」「仕事のやり方を自分で考え、実行に移すことができる」という、仕事における「自律」が前提になります。

「上から言われたことをやる」「言われたとおりになる」(=他律)という仕事の環境では、実験やチャレンジの余地が狭められるため、「楽しみ」の要素が希薄化してしまいます。そうなると、ワークエンゲージメントを高める動機付けが働きにくくなります。

自律はまた、個人の成長にも大きく関わっています。社会人の成長の7割は仕事の経験を通じて実現される(ロミンガーの法則)と言われますが、自律的な仕事の環境と他律的な環境とでは、経験学習の質と量に大きな差が生じます。

図3に有名な経験学習モデルを掲げていますが、やるべきことが規定される他律的な環境では、図の「積極的な実験」の可能性が限定されてしまいます。同じ仕事の繰り返しからは学びが乏しいため、より有益な経験学習のためには未知の領域への挑戦機会が豊富にあることが必要です。また、自分で仮説を立てて検証するというプロセスを回せることによって、学習の質が高まります。そのためには、自分の意思で「次はこれにチャレンジしてみよう」と決定できる自律的な環境が必要とさ

図3｜経験学習モデル

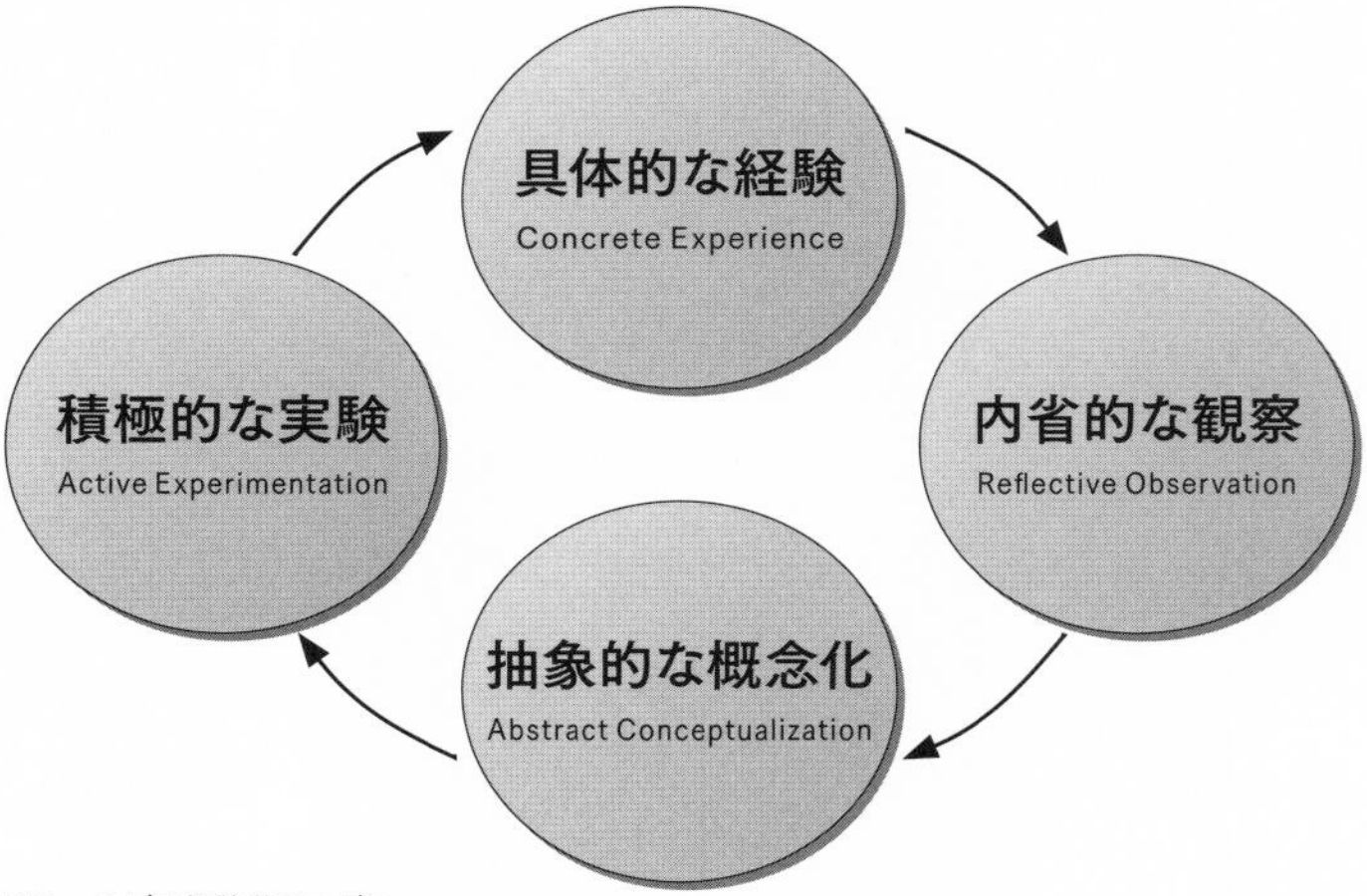

出所：コルブの経験学習モデル

れるのです。

つまり、自律的な働き方によって、経験学習による成長とワークエンゲージメントの向上が促され、それによって仕事の成果が高められる。さらに自律的な働き方が促進されることによって、成果がより大きくなっていくという好循環のサイクルが期待されます（図4）。

人的資本重視の経営では、このような好循環のサイクルを目指した人事・組織マネジメントの構築を目指します。

しかし、現状の日本企業における人事・組織マネジメントは、自律よりも他律に軸足を置いたものになっている

図4｜自律とワークエンゲージメント向上による好循環サイクル

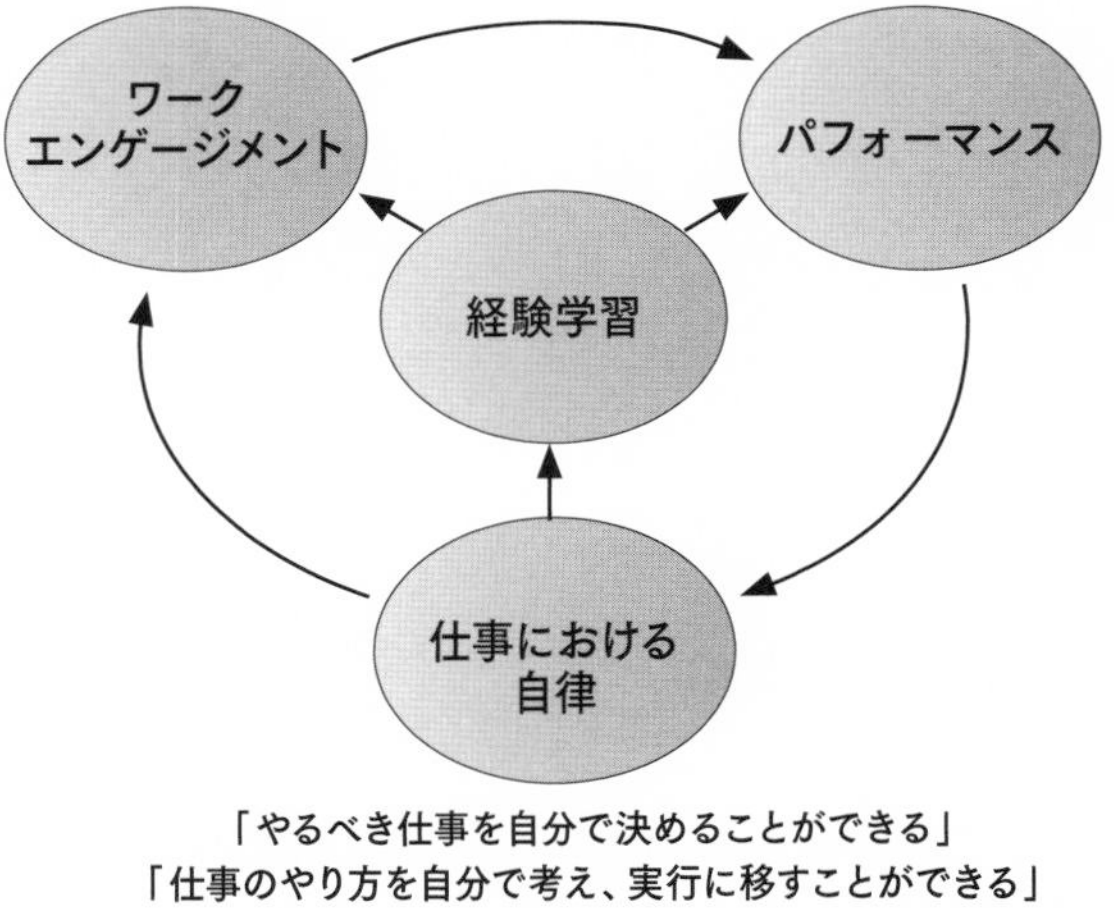

のが実態です。なぜ、そのようになってしまっているのかを理解するために、現状の問題点と歴史的な背景について振り返っておきたいと思います。注4

4 MBOがマイナスに作用

現在の人事・組織マネジメントの代表と言えるMBO（Management by Objectives）は、会社全体の目標を、部門の目標、チームの目標、個人の目標へと割り振り、個人目標の達成度によって人事評価を行うというマネジメント方式です。これは、会社の業績管理と人事評価を融合させた制度といえます。

よく知られているように、ピーター・F・ドラッカーが1950年代に提唱したMBOは個人の自律性や主体性を重視したマネジメント手法でしたが、トップダウンカルチャーの強かった米国において、いつの間にか現在の形に変貌し、日本企業では1990年代の前半から採り入れ始められました。

非常に多くの企業がMBOを用いたマネジメントを行っていますが、このマネジメント方法は圧力的動機付けの色彩が濃いため、以下のようにワークエンゲージメントに対してはマイナスに作用するという問題点を抱えています（図5）。

● 受け身・待ちの姿勢の助長

目標が組織の上から下りてくるため、目標を与えられるのを待つ姿勢が強化されてしまいます。そもそも個人が自律的・主体的に目標設定できる裁量の幅も限定的です。

図5｜MBOの問題点

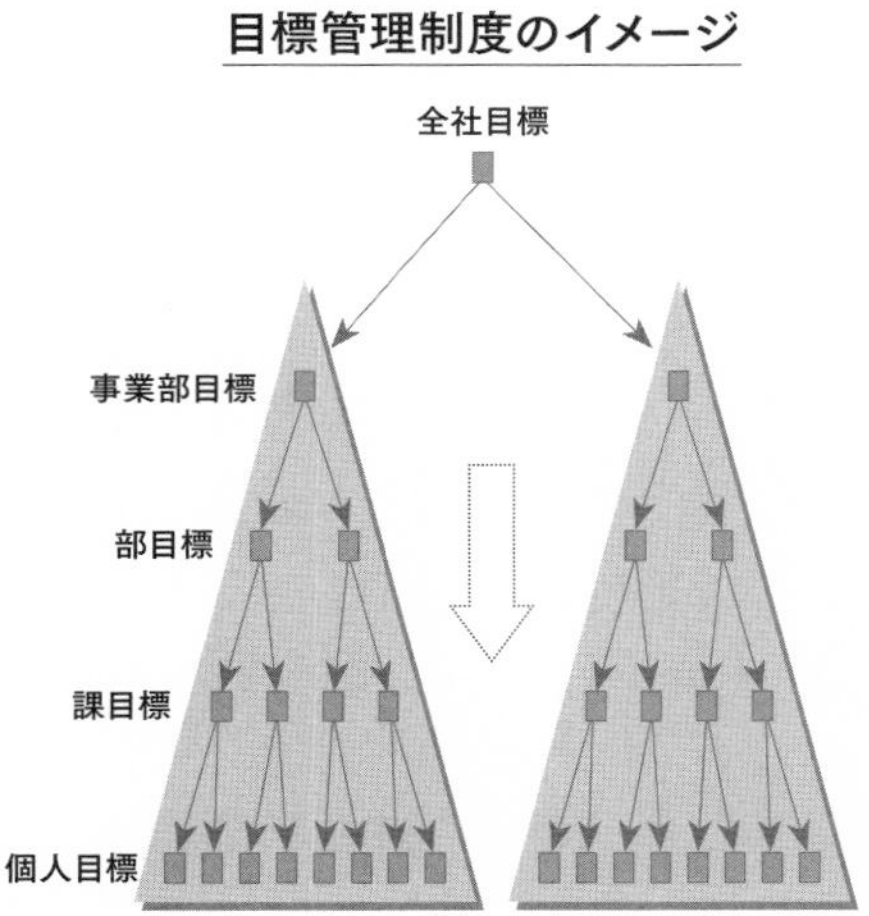

問題点

受け身・待ちの姿勢の助長
- 目標は上から与えられるため、個人の自律性や主体性が希薄化

チャレンジ精神の阻害
- 目標が達成できないリスクを避けるため、未経験の挑戦よりも安全策を選択

組織のサイロ化、個人の孤立化
- 自分や自部門の目標達成が優先し、他者や他部門への関心が低下

心理的安全性の低下
- 上意下達の組織風土が、思ったことを気兼ねなく言える雰囲気を毀損

働きがいの減退
- 強制的な動機付けにより、個人の内発的なモチベーションを抑制

●チャレンジ精神の阻害

目標の達成度によって評価されるため、達成できそうにない目標ははじめから立てないという問題がしばしば指摘されています。また目標達成のためには、大胆なチャレンジよりも確実に積み上げていく安全策が選ばれがちとなります。

●組織のサイロ化、個人の孤立化

自分の目標や自部門の目標の達成が最優先となるため、他者や他部門に対する関心が薄れてしまいます。その結果、仕事が狭い範囲に閉じてしまい、組織の壁を越えた連携（コラボレーション）が不足してしまいます。

●心理的安全性の低下

上意下達のコミュニケーションが強いため、方針に合わない意見を上に上げても否定されたり、無視されたりされがちとなり、何でも気兼ねなく言えるという心理的安全性のある風土が阻害されてしまいます。

●働きがいの減退

与えられた目標を達成したら評価されるという外発的な動機付けであるため、「やらされ感」が強く、「やりたい」という内発的な動機が高まりません。

これらはすべてワークエンゲージメントに対してマイナスに作用します。それにも関わらず、大半の企業がＭＢＯを中軸とした組織マネジメントを行っている理由を理解するためには、ＭＢＯが導入された背景について知ることが必要です。

5 歴史的使命を終えたＭＢＯ

日本企業でＭＢＯが導入されたのは、１９９０年代の前半から２０００年前後の時代です。つまり、日本においてバブル経済が崩壊した後に当たります。

バブル期以前の日本企業における意思決定の特徴は「ミドルアップダウン」と言われて

いました。課長クラスのミドルが、会社の発展に向けた企画を立案し、経営層に上げて予算を獲得した後、企画を実行に移していく裁量権を有していました。この方法は後に解説するＯＫＲとも通じるところがあります。

ところがバブル経済崩壊後、ミドルの権限は上層部に吸い上げられ、中央集権的な管理が行われるようになりました。その背景には以下の２つの環境変化がありました（図6）。

●日本経済がきわめて低成長の時代に突入した。生産年齢人口もマイナス成長に転じ、戦後の経

図6｜戦後5年ごとの生産年齢人口と実質GDP伸び率の変化

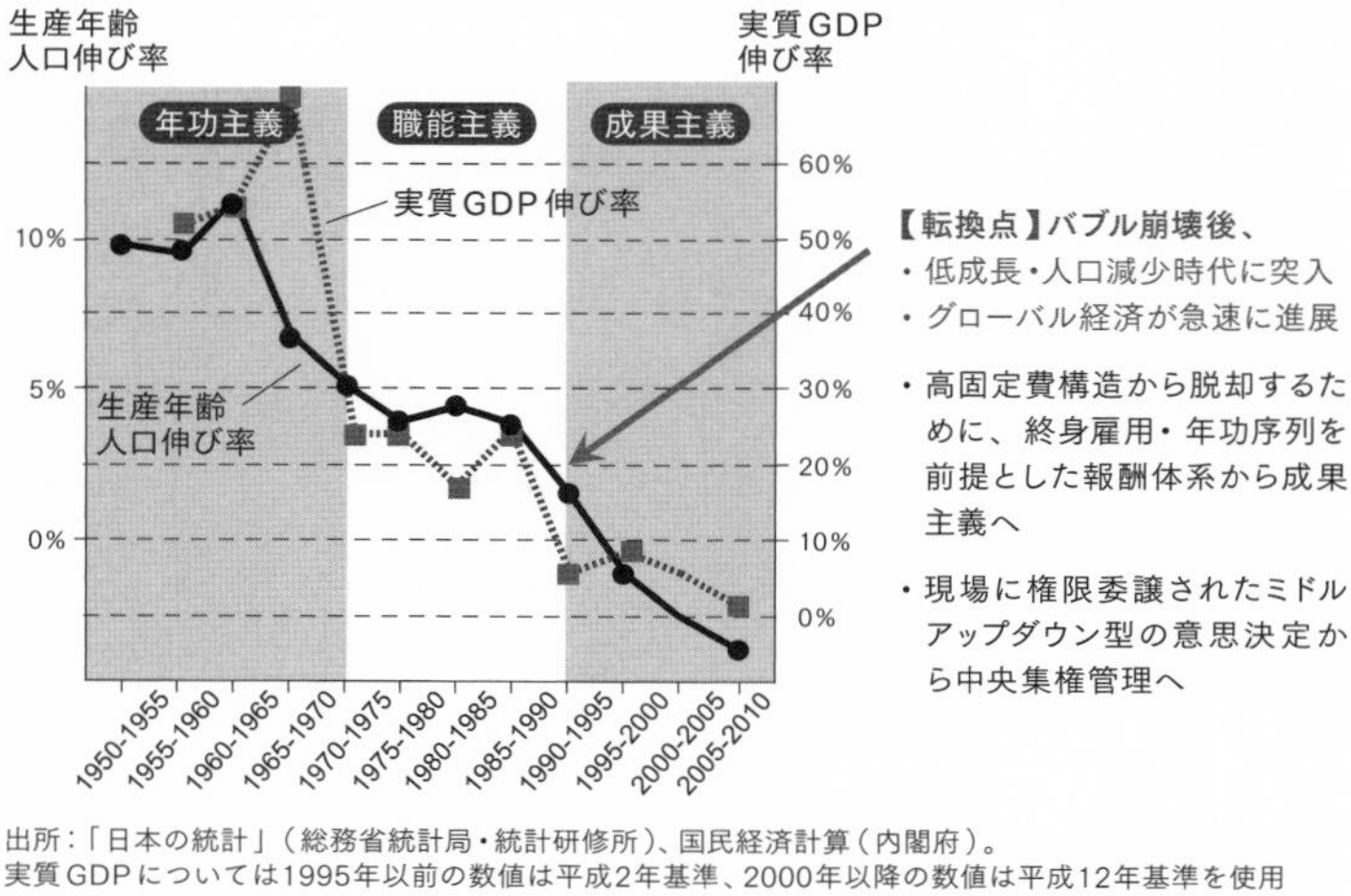

出所：「日本の統計」（総務省統計局・統計研修所）、国民経済計算（内閣府）。
実質GDPについては1995年以前の数値は平成2年基準、2000年以降の数値は平成12年基準を使用

済成長を支えた条件が消滅した。

● グローバル経済が急速に進展した。国境を越えた資本移動が容易となり、株主価値向上を目指したグローバルな競争が加速した。

このような環境のもとで、企業は売上を維持・拡大させながら、同時にコストコントロールを徹底して利益率を高めていく必要性に迫られました。特に終身雇用・年功序列ベースの人件費による高固定費構造から脱却するために、「成果主義」と呼ばれる人事制度への見直しが行われました。

いわゆる「構造改革」（コスト構造の改革）を推進するためには、ミドルの裁量に委ねるのではなく中央集権的な管理が求められ、現在のＭＢＯの原型が導入されるに至ったわけです。それによって、ミドルの主たる役割は、上から与えられた目標の進捗管理役になったと言っても過言ではありません。

その後の２０００年代には、モノの価値が低下するデフレの時代が続きました。そのような環境の中でも、企業は雑巾を絞るように構造改革を続けてきました。当時、「失われた10年」という言葉を頻繁に耳にしましたが、いつの間にかそれが「失われた20年」になり、最近では「失われた30年」とさえも言われています。

20年経てば、当時の新入社員は管理職の年齢となり、当時の管理職は定年を迎えています。そのためMBOに基づく組織マネジメントは、従業員の誰にとっても、入社したときから「あって当たり前」の存在として認識されるに至っています。

しかし、多くの企業において、MBOはその歴史的使命を既に終えています。それにも関わらずMBOからの脱却が難しい大きな理由として、MBOに代わる人事・組織マネジメントのあり方を見いだせていない、あるいは何となくは見えていたとしても変革に対する自信が持てないことがあげられると思います。

6 両利きの経営を実現するワークエンゲージメント

失われた20年、30年から脱するために、企業に求められているのは「イノベーション」

であることは論をまたないでしょう。企業が持続的に成長していくためには、既存事業の深化と新規事業の探索を両立していく必要がある、というのが「両利きの経営」の考え方です。[注5]

多くの企業はこれまで、MBOによって既存事業の深化を追求してきたといえます。既存事業に関してはこれまでどおりMBOでマネジメントを行い、新規事業の探索には別のマネジメント方法を適用するという選択肢もありますが、実際はMBOによって徹底されてきた行動様式が新規事業の探索を阻むという「サクセストラップ」（成功の罠）に陥ってしまうため、新規事

図7｜両利きの経営とサクセストラップ

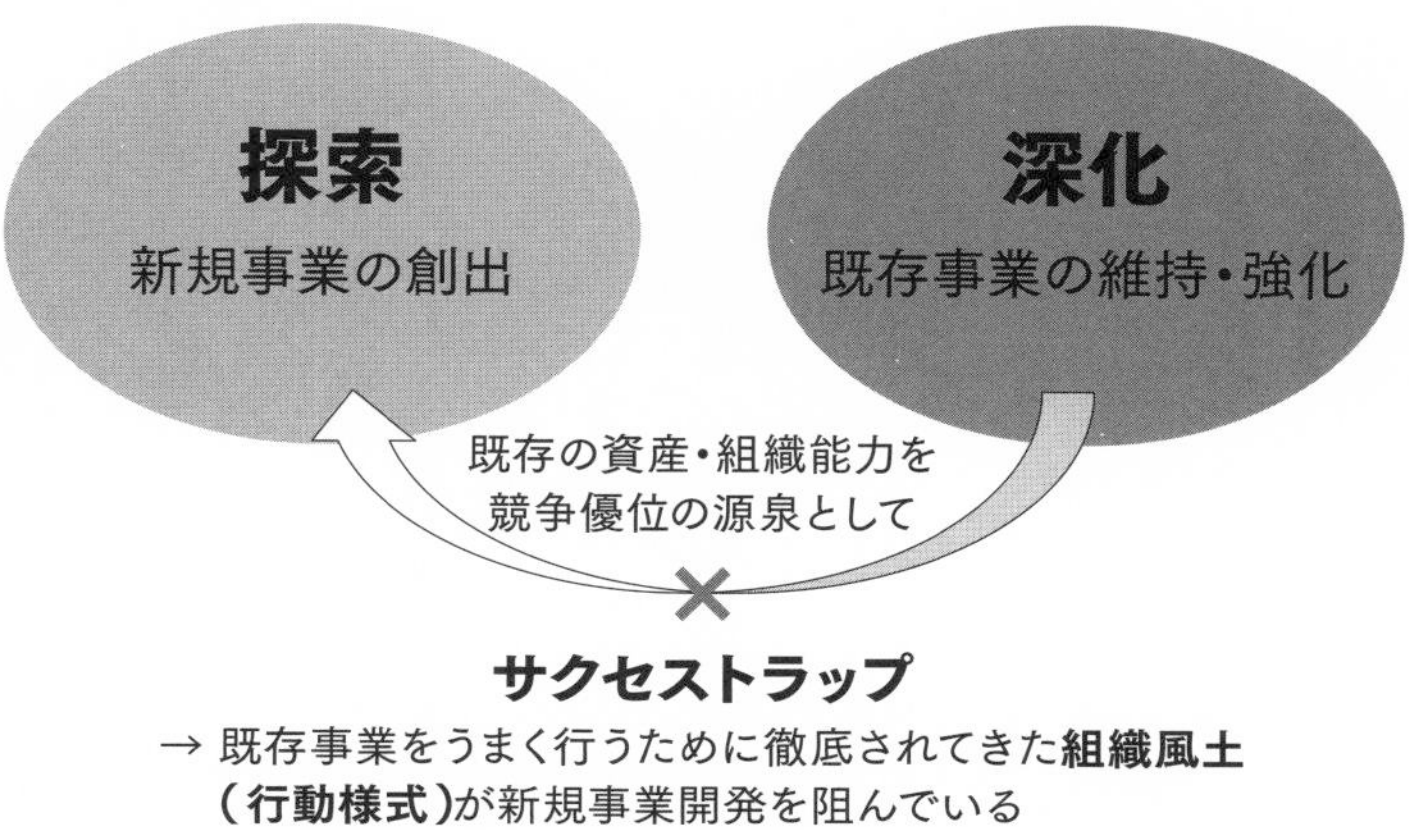

出所：チャールズ・A・オライリー、マイケル・L・タッシュマン著、渡部典子訳『両利きの経営』東洋経済新報社、2019年に基づき著者作成

業の探索がうまくいかないのが実態です（図7）。

しかし、既存事業にはイノベーションの必要はない、と考える企業はほとんど存在しません。過去にない環境変化のもと、歴史のある事業であっても、変化に対して機敏に適応し、改善を繰り返していかなければ生き残っていくことはできないからです。そのために、上からの指示を待つのではなく、現場における従業員の一人ひとりが自律的に考え、トライアンドエラーを行う働き方が不可欠になります。

業界を覆すような新規事業開発を目指す場合はなおさらです。既存の形がない中から事業を創造していくには、人が実験精神やチャレンジ精神を発揮することが不可欠だからです。自律的に仕事に取り組み、ワークエンゲージメント（活力・熱意・没頭）の高い状態でなければ、それは成し得ません。

既存事業の深化と新規事業の探索とでは、求められるイノベーションの程度は異なるものの、ワークエンゲージメントを高めることが重要である点は共通しているのです。したがって、ワークエンゲージメントの向上を促すことを目的に人事・組織マネジメントを設計すれば、既存事業と新規事業の双方への適用が可能になります。

既存事業でも新規事業でも、マネジメントの設計原理は共通です。組織に配属されたメンバーは、配属された職場における自分の職務に応じたイノベーションを生み出すために、自律的に行動することが求められます。既存事業において自律的な働き方を経験することで、新規事業を企画推進できるメンバーが育つといった人材開発効果も期待できるでしょう。

7 これからの人事制度の概念モデル

これからの人事制度のあり方を検討する際には、従来のような等級・評価・報酬といった制度の構成要素ごとよりも、図8に示す概念モデルに沿って考えた方がイメージしやすくなります。人事制度によって実現したい結果に向けた設計内容がより明確になるからです。

企業にとっての人事制度の究極の目的は、「持続的な業績向上」を実現することです。ただし、業績が持続的であるためには、パーパス・ビジョンの実現に向けた一貫性のある企業活動が行われることが必要です。

人事制度には大きく2つのねらいがあると言えます。1つ目は、企業と従業員間の契約内容を規定することです。2つ目は、業績向上に向けて必要とされる「マネジメント」のあり方を規定することです。以下では、この2点について解説します。

①フレーム（枠組み）

下段のフレームは企業と個人のいわば契約形態を表しています。過去の日本企業における契約形態は、新卒一括採用で、「メンバーシップ型」と呼ば

図8｜人事制度の概念モデル

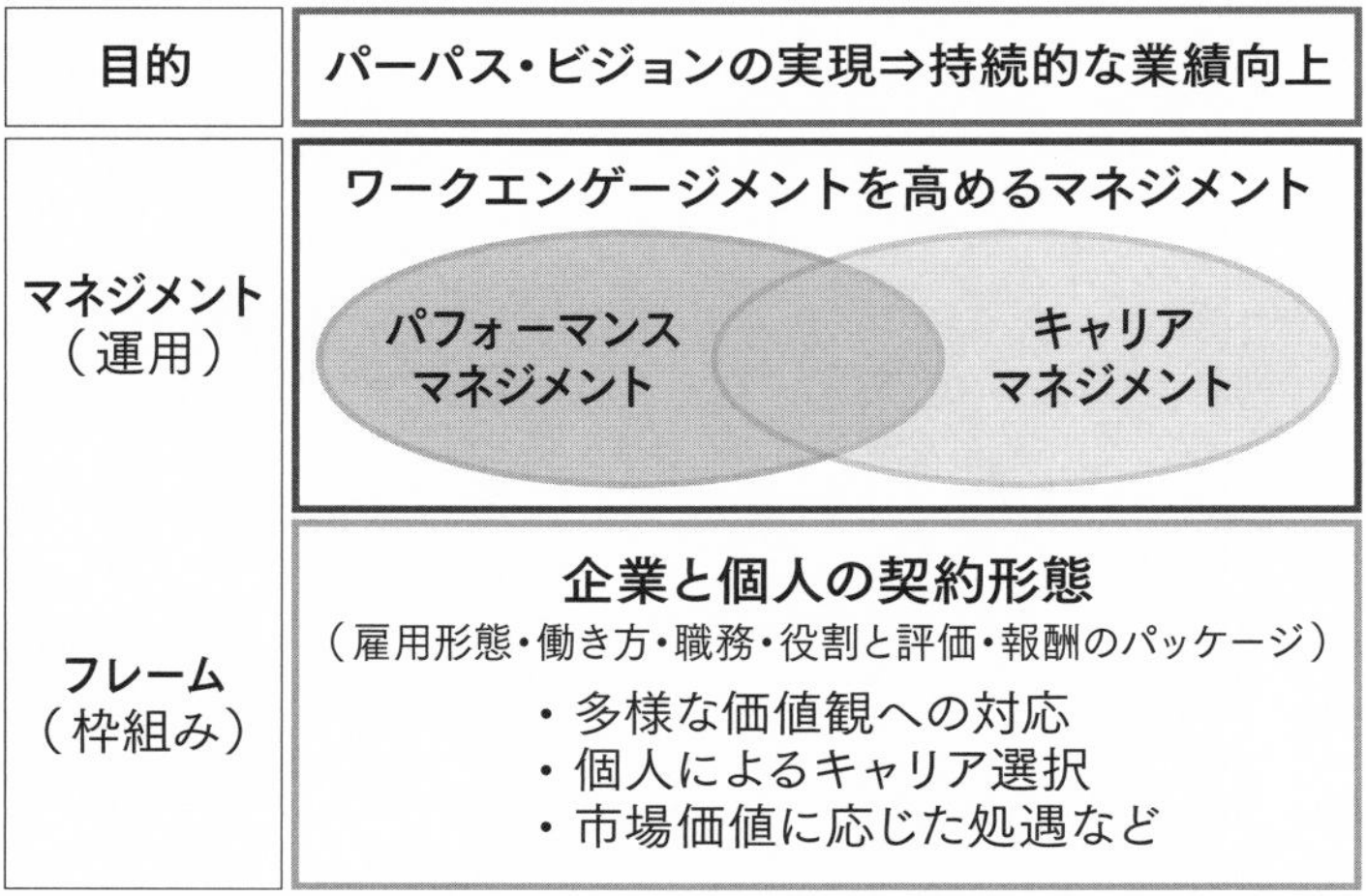

れたように、企業が終身雇用を保証する引き換えに、人事異動や処遇は会社に委ねる方式が一般的でした。今日では雇用やキャリアのあり方は、画一的な形態から多様化の方向に、会社主導から個人のキャリア志望重視の方向に変化しています。

ラインマネジャーを目指すキャリアコースだけではなく専門性を極めるスペシャリストコースが設置されたり、全国転勤をしない代わりに報酬水準を抑えた地域限定職が設置されたりするのは典型例です。短時間勤務の働き方を選択できる制度もあれば、特定の職務に限定したジョブ型雇用も増えていくでしょう。

企業は、どのような種類のキャリア・働き方と処遇のパッケージを用意するかを検討する必要があります。本書では、それら個々の内容については解説しませんが、「多様な価値観への対応」「個人によるキャリア選択」「市場価値に応じた処遇」などの流れに応じた契約形態の変化を前提に、以下の解説を進めていきます。

②マネジメント（運用）

人事制度は運用されないと意味がない、と言われ続けてきました。これまでは、適切な制度を作り、それが現場で運用されるように浸透させていくことが重要だ、という考え方が一般的でしたが、この発想を転換する必要があります。

「運用」を英語にすると「マネジメント」になります。「制度を運用する」というと、はじめに制度ありきに聞こえますが、今後は制度ありきではなく、そもそも「どのようなマネジメントが必要か」から始めることが肝要です。その上で、そのマネジメントに必要とされる評価や報酬といった制度を設計するという順番で考えます。

「業績の向上」を目的とした人事・組織マネジメントは大きく分けると2つです。1つ目は「パフォーマンスマネジメント」です。これは個人と組織のパフォーマンス（業績）を高めるために行われるマネジメントです。2つ目は「キャリアマネジメント」です。これは個々人の成長を支援するためのマネジメントです。これら2つはまったく別々のものではなく、相互に関連し合っていますが、1つにまとめてしまうと複雑になるため、あえて分けて定義しています。

人事に関連するマネジメントは他にもあるのではないかと思われるかも知れません。たとえば、人件費のマネジメントや採用・要員管理などもありますが、これらは主として人事部門が行う機能です。企業の現場で運営される主たる人事・組織マネジメントは、右の2つに集約されると言っても差し支えありません。

本書では、図8の上段の「マネジメント（運用）」に焦点を当てて詳しく解説します。MBOに代わる、「ワークエンゲージメントを高めるマネジメント」の具体的な内容を提示することが本書の目的です。

8 新たなパフォーマンスマネジメントの型

ワークエンゲージメントを高めるためには、仕事における「自律」が重要であり、「楽しみ」「意義」「可能性」を感じさせる動機付けが不可欠である、ということが従業員に理解されたとしても、それらが日常的な仕事の場で実践されなければ何も変わりません。

人々の考え方や行動が実際に変わっていくためには、日常的なマネジメントの中に、「自律」を促し、「楽しみ」「意義」「可能性」を感じさせる仕組みを組み込んでいくことが必要になります。本書では、その仕組みがどのようなものであるかを詳しく解説していきますが、図9に全体像として「新たなパフォーマンスマネジメントの型」を掲げています。

MBOと同様に、新たなパフォーマンスマネジメントも年度単位で運営されます。事業のスピードに応じては、半期、四半期単位で目標の見直しが行われることもあります。その点はこれまでの目標管理サイクルと大きく異なりませんが、内容はかなり違ったものとなります。

以下に新たなパフォーマンスマネジメントに含まれる各コンポネントにつ

図9｜新たなパフォーマンスマネジメントの型

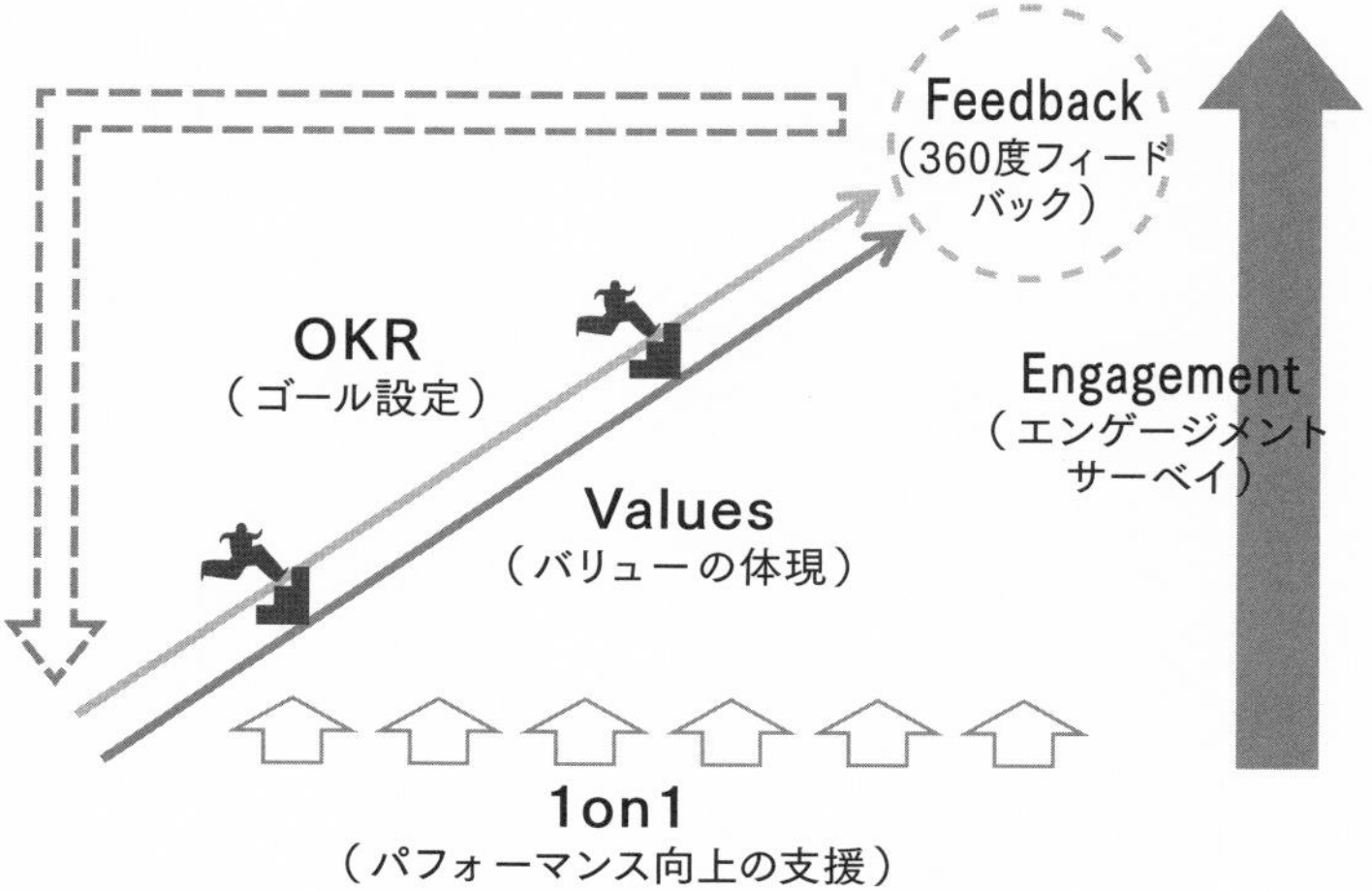

いて、概要を記述します。

①ＯＫＲ

目標設定はＯＫＲ（Objectives and Key Results）の考え方に基づいて行われます。ＭＢＯにおいては目標が上から下りてきたのに対して、ＯＫＲでは各人が自分の目指したい目標を主体的に設定する点が大きく異なります。ＯＫＲの詳細については、第2章で解説します。

②バリュー

バリューは会社として重視する価値観であり、従業員にとっての行動指針を意味しています。各人はＯＫＲで目標設定を行いながら、日常的にバリューを意識した行動を実践します。会社の将来的なビジョンは、ＯＫＲとバリューの延長線上にあるため、これらによって従業員のベクトルが同じ方向に合わせられます。バリューの詳細については、第4章で解説します。

③ 1on1

MBOにおける半期に一度の面談とは異なり、リーダーとメンバーのより頻繁な対話によって、メンバーのパフォーマンス向上に向けた支援が提供されます。OKRによる野心的な目標設定と、その達成を支援する1on1は1つのセットとなる関係にあります。1on1については、多くの書籍が出版されていますが、本書ではワークエンゲージメント向上のための1on1という観点を中心に、第3章で解説します。

④ 360度フィードバック

MBOでは目標の達成度によって人事評価が行われましたが、OKRは目標の達成度を人事評価に用いないことが大原則です。そのため、OKRの導入によって従来の評価のあり方が見直しされる必要があります。新たなパフォーマンスマネジメントにおいては、人事評価の第一目的を「個人の成長のためのフィードバック」と捉えます。その目的に照らすと、総合的なフィードバックを豊富に提供する360度フィードバックを活用することが効果的と言えます。360度フィードバックの詳細については、第4章で解説します。

⑤ エンゲージメントサーベイ

これらの取り組みの結果、会社全体としてワークエンゲージメントが高まっているかを定点観測し、課題を明確にして改善施策を打っていく必要があります。エンゲージメントサーベイの詳細については、第6章で解説します。

9 パフォーマンスマネジメントとキャリアマネジメントの融合

パフォーマンスマネジメントは個人と組織の業績を向上することを目的としています。しかし、業績向上だけを目的として、個人を動機づけることは困難です。前述のように、ワークエンゲージメントを高めるためには、「可能性」を感じさせる動機付けが不可欠となるからです。

「可能性」は、個人にとっての成長やキャリアビジョンの実現と密接に関わるため、会社における「キャリアマネジメント」のあり方に大きく影響を受けます。つまり、パフォーマンスマネジメントとキャリアマネジメントはそれぞれに独立したものではなく、相互に関連し合っているのです。

業績も成長も、仕事におけるチャレンジを通じて得られるものであるため、一人ひとりがＯＫＲの達成に向けてチャレンジし、リーダーが１ｏｎ１でそれを支援するという日常的なサイクルの延長線上に、会社の業績向上と個人の成長の両方があるという姿が理想です（図10）。

キャリアマネジメントの観点から述べると、リーダーは１ｏｎ１においてメンバーのキャリア志望を把握し、キャリアビジョンに近づけるようなＯＫＲの設定を支援し、さらにその達成を応援するというサイクルが現場で運営されることが望まれます。

また、現場における仕事を通じた成長支援だけではなく、会社にはより豊富な成長機会の提供方法があります。たとえば、管理職コースか専門職コースかといったコース選択の機会、昇進による役割変更の機会、異動によって新たな職場でチャレンジする機会、社内外のトレーニングに参加する機会などです。

これらの機会選択は現場だけで決められるものではないため、より上位での検討の場が必要となります。それが「人材開発会議」です。

人材開発会議は、これまでの評価会議との対比で捉えるとわかりやすいでしょう。評価会議は既に終わった「過去」に焦点を当てます。前期を振り返って、どのような成果を残したか、どのような貢献をしたか、といったことを確認して評価ランクを決めるのが評価会議です。

評価が過去を対象とするのに対して、人材開発は未来に焦点を当てます。本人はどのようなキャリア志望を持って

図10｜パフォーマンスマネジメントとキャリアマネージメントの関係

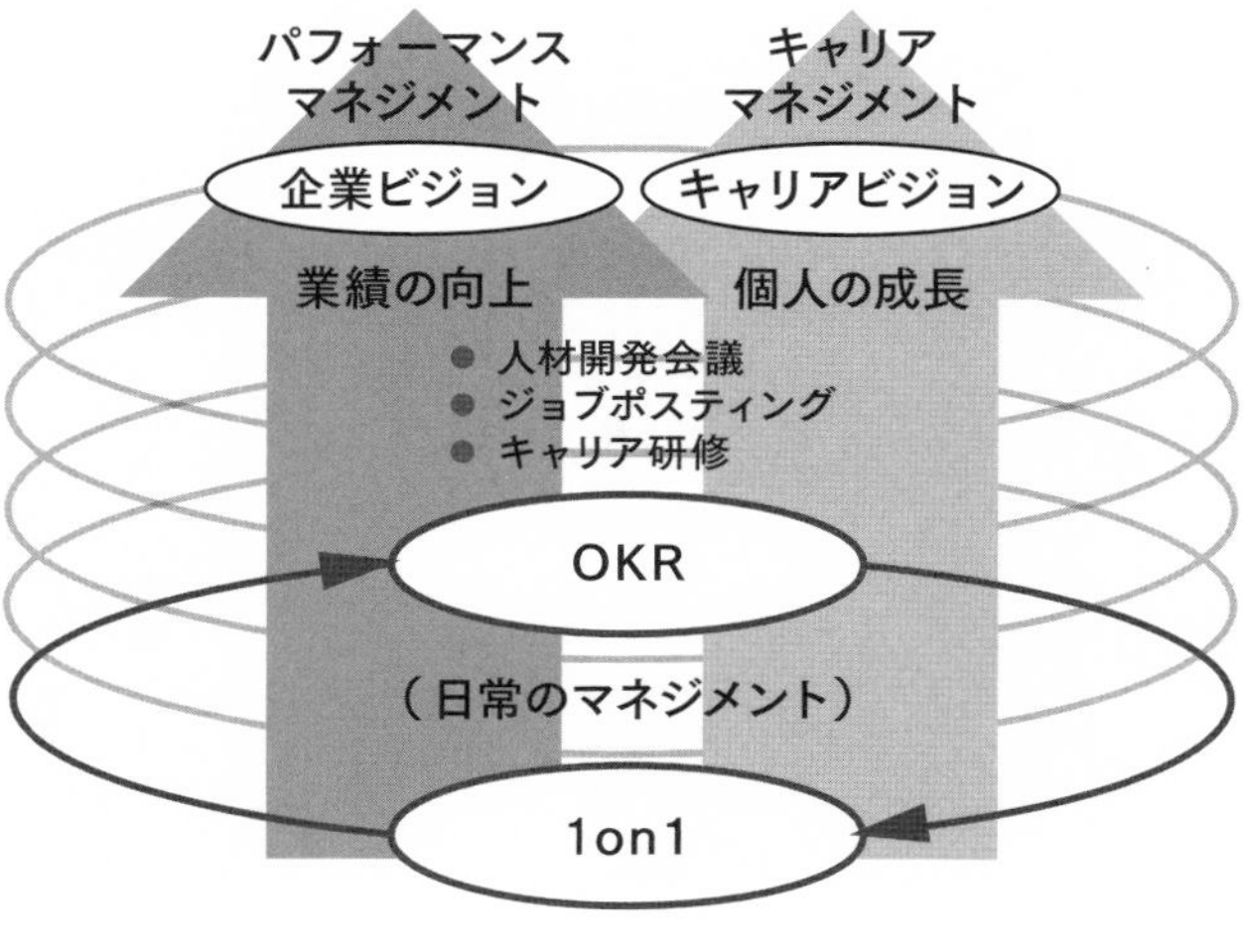

いるか、さらなる成長のためにどのようなキャリア機会を提供することが効果的か、といったように、一人ひとりの今後の人材開発について議論する場が人材開発会議です。

人材開発会議が重要と考えられている理由は、過去についての議論に時間を費やすよりも、未来志向の議論を重視した方が生産的であるという見方に加えて、従業員のキャリアが多様化に向かっているという背景があります。過去のような画一的なキャリア形成ではなく、個人によってキャリア形成のあり方は違ってきているため、一人ひとりのキャリアについて検討する場の必要性が高まっているのです。

同時に、異動というキャリア形成手段に関して、個人の主体性を重視した流れが日本企業でも既に始まっています。それが社内求人に対して自分から手を挙げる「ジョブポスティング」です。さらに会社としてキャリア自律を促進するための「キャリア研修」がより重要となってきています。人材開発会議、ジョブポスティング、キャリア研修については、第5章で解説します。

第2章

OKR
——目標設定を科学する

column

「上からああしろ、こうしろと指示した方が早くないですか？」

管理職の研修をしていると、受講者からこのような疑問をあげられることが時々あります。それに対して、次のようなやり取りが続きます。

講師「今はその方が早いですよね。でも、そうすると、あなたがいちいち指示しないといけないですよね。もっと早いのは、あなたが逐一指示を出さなくても、メンバーが自分で行動して成果をあげてくることではないでしょうか？」

受講者「確かにそうかも知れないが、そんなことは一朝一夕にはできない」

講師「もちろん、一朝一夕にはできません。だから、一歩ずつやりましょう」

上意下達の目標管理が浸透した組織では、メンバーの自律性に任せることはなかなか簡単ではありません。上意下達の手綱を緩めると業績が下がってしまうことを管理職は危惧しているのでしょう。しかし、メンバーの自律的な目標設定を重視したＯＫＲを導入したら、業績が下がるというのは杞憂です。なぜなら、ＯＫＲは成果を高めるための工夫が盛り込まれた目標設定手法だからです。

1 OKRは特殊な手法ではない

OKR（Objectives and Key Results）と呼ばれる目標管理の方法が話題になっています。いつもの一過性の流行かと捉えられがちですが、OKRはけっして新しい概念ではありません。もともとは40年以上も前に当時のインテルが用いていた、歴史のある組織マネジメントの方法なのです。それを初期の頃のグーグルが取り入れて、既に20年以上、組織マネジメントに活用されています。[注6]

若いITベンチャーでOKRを採用する会社が多いことから、IT系の手法と思われることもありますが、OKRは業種や企業規模にかかわらず、すべての企業に通用可能です。なぜなら、OKRは特殊な手法ではなく、企業が効果的な目標管理を行うための「考え方」のパッケージだからです。つまり、OKRと呼ぶかどうかは別にして、それらの考え方はあらゆる企業（および官公庁、医療機関など）における目標管理に当てはまるのです。

ＯＫＲはしばしばＭＢＯと呼ばれる目標管理の方法と対比されます。ＭＢＯとは組織の目標を上から配分して個人目標にまで落とし込むような管理方法です。その個人目標の達成率が人事評価に用いられることによって、ＭＢＯは評価制度と密接に結びついています。

ＭＢＯは日本企業（特に大企業）に深く浸透していますが、そのような上意下達の管理型のマネジメントが、今の時代に合わなくなってきていると感じている人々は少なくありません。これまでのやり方のどこをどのように変えていけばよいかを検討する際に、ＯＫＲの考え方を活かすことができます。

ＯＫＲは人事評価ではなく、目標管理にフォーカスした組織マネジメントの方法です。その大きなねらいは、一見すると矛盾するような以下の2点を両立することにあるといえるでしょう。

● 会社全体が目指す方向に、全員のベクトルを合わせること
● 一人ひとりが主体的に目標を定め、自律的にチャレンジすること

これらのねらいを実現したいと願うあらゆる企業にとってＯＫＲの考え方は有益なので

す。以下では、より具体的にOKRのコンセプトについて解説していきます。

2 構造化とフォーカス：主体的な意志と測定可能な指標の組み合わせ

OKRは効果的な目標管理を行うための「考え方」のパッケージであると述べました。では、具体的にOKRにはどのような思想が込められているのでしょうか。ここからは図11に従って、OKRの基本的な考え方を順番に解説していきます。

OKRでは目標を単に「目標」と一つに括るのではなく、O（Objective）とKR（Key Result）に構造化して設定されることがよく知られています。OKRはなぜ、そのような構造をしているのでしょうか。以下でその意味について解説します。

① Objective（O）

Objective は「到達したいゴール」「目指したい状態」を意味しています。つまり、誰かにやらされるのではなく、「どうなりたいか？」という設定者の主体的な意志が表現されることが必要です。そのため、Oは定性的な表現で構いません（例えば、「顧客から最初に選ばれるサービスプロバイダーになる」「新サービスが成長軌道に乗っている」など）。

一人ひとりが「これをやりたい」と主体的に目標を立て、その達成にコ

図11｜OKRの基本思想

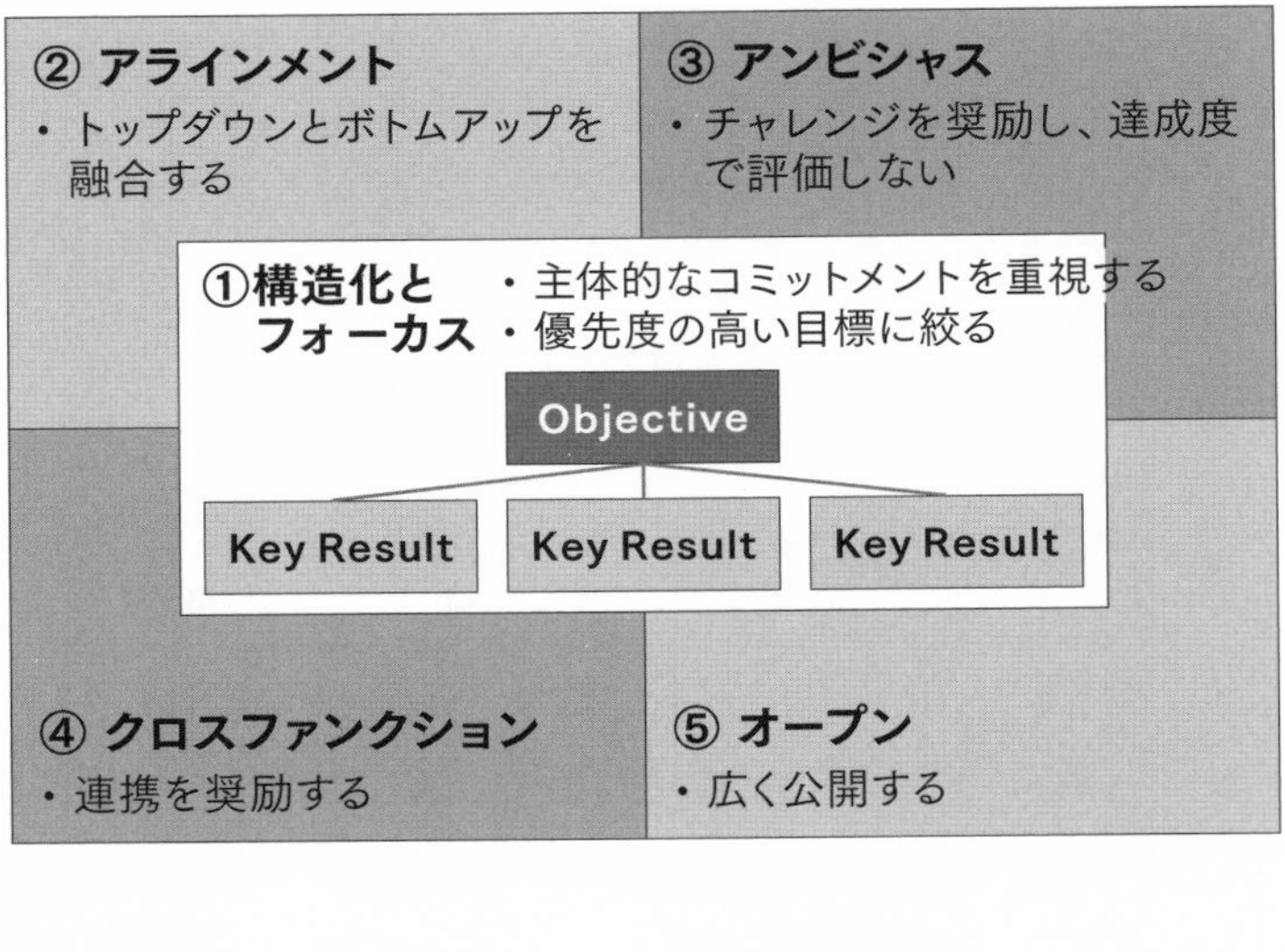

ミットすることで当事者意識が高められ、熱意を引き出すことがOKRの重要なねらいです。目標の数が多すぎると、熱意のエネルギーが分散してしまうため、少数に絞り込むことが求められます。一人あたりのOKRの数は、3つ程度が標準ですが、通常は1〜5個くらいの範囲に収まります。

② Key Result（KR）

Key Result（KR）はObjective実現の成功要因となる、「測定可能で、期限のある、結果指標」を指しています。KRはO実現のための戦略とも言えるため、OとKRを構造化することによって、1つのOKRの中に、設定者の意志と戦略の両方を含めることが可能です。

KRは、何によってOが実現されたことが測定できるか、という視点で設定されます。もしKRがすべて達成されてもOが実現していなかったとしたら、当初のKRの設定が不適切であったと言えます。

KRは測定可能な指標でなければなりませんが、結果指標でなければならず、「毎日、

○○を何回実施する」といった「To Do」やアクションのような行動指標ではないことに注意が必要です。

KRとなり得る結果指標には次の2つの種類があります。

❶定量的指標

金額、件数、比率など、定量的に測ることができる指標

❷マイルストーン指標

いつまでに何が完了しているかを定義した指標（例：第2四半期末までに事業計画が承認されている）

1つのOに対して、3つ程度のKRが定義されることが一般的ですが、これもケースバイケースで、通常は2～5個くらいの範囲に収まります。

3 アラインメント：全員の目標が整列したOKRツリー

一人ひとりが自分のOKRを設定するだけではOKRが完成したことにはなりません。「OKRを立てる」という行為は、会社（組織）全体のOKRツリーを構築することでもあるのです。全員参加で1つの大きなOKRツリーを作るところにOKRならではの意義があります。以下ではOKRツリーを構築する際の手順と考慮点について解説します。

アラインメントには「整列」といった意味があります。トップ層のOKR、さらにはその上にある会社のパーパス・ビジョンの実現に向けて、全員のOKRが整列した状態をイメージしていただければよいと思います。

このようなOKRツリーが構築されることによって、パーパス・ビジョンの実現に向けた全社のベクトル合わせが可能になります（図12）。

① ＯＫＲツリー構築の手順

ＯＫＲは自分が「やりたい」と思える目標ですが、会社の業務における目標であるため、会社や組織に貢献する目標でなければなりません。そのため、個人のＯＫＲはより上位のＯＫＲの達成に貢献するものであることが求められます。

ＭＢＯでは目標は上から下に配分されるのが一般的でしたが、ＯＫＲでは上位のＯＫＲに貢献するために何を目標にしたいかというように、下から上に関連付ける方法が用いられます。そ

図12｜OKRツリーのイメージ

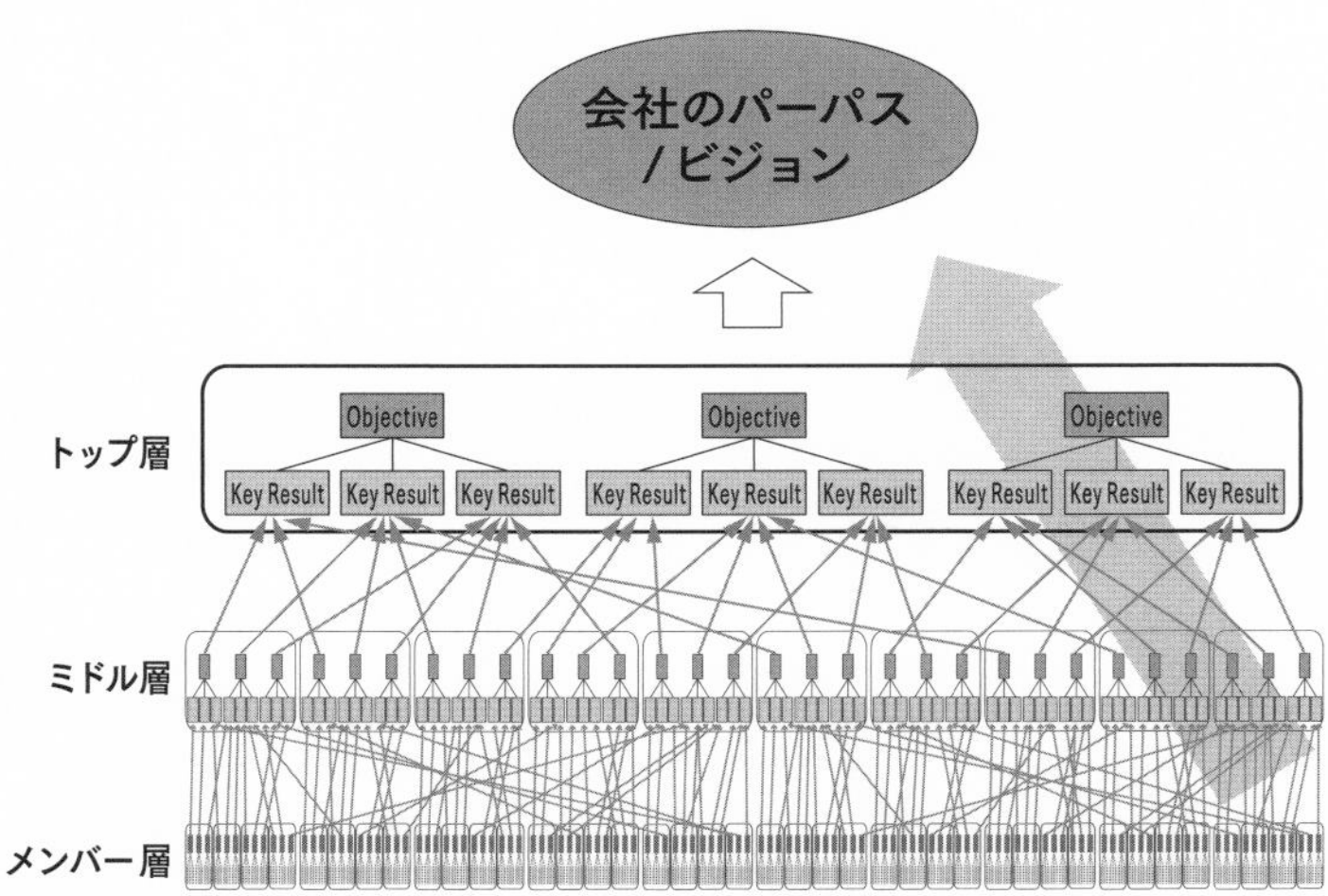

の意味でOKRは「ボトムアップ」と言えます。

ただし、上位層のOKRが決まっていないと、どのOKRに貢献するかを決められないため、いちばんはじめにトップ層のOKRが設定される必要があります。それが、OKRは「トップダウンとボトムアップの融合」であると言われる意味合いです。

これまで目標が上から与えられるのが当たり前だった状況で、突然、「自分のやりたい目標を考えてください」と言われても、すぐには決められないことも少なくないでしょう。何もない状況でOKRを考えることは難しいかも知れませんが、「トップダウンとボトムアップの融合」によって、以下のような2段階のプロセスを経ることで自分のOKRについて考えやすくなります。

STEP1：上位層のどのOKRに貢献したいかを決める

STEP2：そのOKRに貢献するために、自分は何を目標にしたいかを考える

② OKRツリー構築の考慮点

以下ではOKRツリーを構築する際の考慮点について2つ解説します。

❶ 上位層のOKR全体に関連付けるか、特定のKRに関連付けるか

ある人がOKRを立てる際、上位層のあるOKR全体に貢献するOKRを考えるのか、それともそのOKRの特定のKRに貢献するOKRを考えるのか、どちらが望ましいでしょうか？　どちらの方法でも運用可能ですが、人によってやり方がバラバラになってしまうとOKRツリーが混乱してしまうため、会社としてのルールを事前に決めておく必要があります。

しかし、どちらの方法がより望ましいかというと、上位層のOKR全体ではなく特定のKRに関連付けたOKRを設定する方法を推奨します。それによって、ある人のOKRが何に貢献するものであるかがより明確になるからです。また、OKR全体に関連付ける方

法だと、上位OKRのあるKRの達成に貢献する下位のOKRが設定されていなくても、気づかれにくいという問題も生じます。

❷OKRツリーの階層は組織階層に対応させるか

たとえば、「社長－担当役員－部長－課長－担当者」という組織階層があった場合、それぞれの階層でOKRを設定するとOKRツリーは5階層になります。OKRツリーの階層が深すぎると、担当者レベルまで下りていった際にはタスクレベルのような些末な目標になってしまう恐れがあります。

またOKRには、個人が別々に達成を目指すよりもチームで達成を目指すことによって、チーム力が引き出されるという効果があります。現実的に、たとえばトップ層のOKRは社長だけで担うのではなく、社長と役員の経営層チームで担うものになるでしょう。そのため、OKRには「共有」という考え方が必要になります。OKRの共有とは、1つのOKRを複数人で担う（複数人がOKRのオーナーとなる）ことです。

経営層以外でも、たとえばある部に課が複数ある場合、ある課長は自分の課に関わるO

KRしか担当しないが、部長はすべてのOKRのオーナーになるといった運用も想定されるでしょう。このようにOKRの階層と組織階層は1対1で対応させる必要がありません。

4 アンビシャス：達成度評価の呪縛からの脱却

OKRの基本的考え方の1つに「アンビシャス（野心的）」があります。何のために高い目標を設定するのか、どれくらい高い目標である必要があるか、といった点について、以下に解説します。

OKRにおいては、簡単には達成できない野心的な目標を立てることが推奨されます。ただし、前述したように、OKRは主体的に設定したゴール、つまり「やりたい目標」であることが前提です。MBOの個人目標をもっと高くすることを求めているのではけっしてありません。

①高い目標を設定する理由

OKRにおいて高い目標の設定を推奨することには、以下のような理由があります。

●大きな成果を生み出す

当然ながら、高い目標を設定しただけで、成果も自動的に大きくなるわけではありませんが、「やりたい」と願ってゴール設定をすることによって、自発的な努力が引き出されることが知られています（逆に、「やりなさい」と上から目標を与えられた場合には、その目標を達成するのに最低限の努力しか費やされない）。

また、高い目標を達成するためには、自分だけの努力ではなく社内外の協力を得たり、これまでにはない発想が求められたりすることも含めて、より大きな成果が生み出される可能性が高められます。

●成長を促す

野心的な高い目標を達成しようとすると、これまでの業務の延長線上ではない、未知の領域へのチャレンジが求められます。同じような経験を繰り返しても得られる学びは限られていますが、未知の経験からの学びは成長のスピードを促進します。

●視座を高める

大きな成果を念頭において目標を立てることによって、視座が高められます。従業員全員が、毎年数%の売上増でよいと思っている会社では数%の成長しかできなくなりますが、全員が高い視座を持つことができれば会社を飛躍させられる可能性が高まります。

②野心的な目標に関する疑問

「アンビシャス」というOKRの考え方に関して、次のような疑問がしばしばあげられます。

●どの程度の高さが適当か

グーグルでは「OKRのスィートスポットは60%~70%」と言われています。つまり、会心の一打が出た時に、目標の60%~70%程度の達成率になるくらいのレベル感がよいということです。言い方を換えると、これまでのストレッチ目標の1・5倍くらいを目途にするのがよいでしょう。

それ以上になるとゴールまでの距離が遠すぎて、息切れしてしまう恐れがあります。ストレッチ目標の1・5倍であれば、足りない50%を達成するためのアイデアを考えることができるレベルです。

●業務や職種によっては野心的な目標を立てられない

たとえば、事務処理を正確に行うことが求められる業務に携わっているメンバーは、野心的な目標を立てようがない、といった声がしばしば聞かれます。しかし、業務内容を大きく変えることはできなくても、仕事の意義を定義し直すことは可能です(それを「ジョブクラフティング」と呼びます)。例えば、自分の仕事を「データを集計すること」と捉えるのではなく、「顧客が求める情報をタイムリーに提供すること」と定義し直せば、目標の内容も違ってくるでしょう。

そうは言っても、メンバーの中には最速で成長したい人もいれば、自分のペースでじっくりと成長したいスローキャリア志向の人もいるでしょう。それによって目標のストレッチ度合いも異なります。ＯＫＲは主体性が大前提になるため、本人のキャリア志向が反映されるのは当然です。ただし、１ｏｎ１の場でリーダーと将来キャリアについてよく話し合って、共有されていることが必要です。

●達成度の基準がバラバラだと評価ができなくなるのではないか

「ＯＫＲの達成度を人事評価に用いない」というのがＯＫＲの大原則です。それをやってしまうと、達成できそうな目標ばかりが立てられたり、高い目標に挑戦した人が評価されなくなったりしてしまうからです。

ＯＫＲが「アンビシャス（野心的）」な目標であることを担保するために、ＯＫＲには「達成度」を評価に用いないという大原則があります。それがＯＫＲ導入を躊躇させる要因になっているケースも少なからず見受けられます。

すなわち、達成度を評価に用いることができないのであれば今の評価制度では運用できないだとか、100%達成されなければならない予算目標をどうするのか、といった懸念があるからです。しかし、これらの懸念は、これまでの固定観念やOKRに対する誤解に起因している面が少なくありません。

●「達成度」なしに評価はできるのか

従来の目標管理制度(MBO)では、個人目標の達成度を評価に直結させるという運用が一般的に行われてきました。しかし、達成度で評価をすると達成できそうな目標しか立てられなくなるという弊害は、実はこれまでのMBOにおいても指摘されてきたことです。そのため企業によっては、目標に「難易度」という項目を加えているケースもあります。難易度が低ければ、たとえ達成度が高くても良い評価にはならず、その逆も然りという運用が可能になるからです。

しかし、このケースでは「達成度」ではなく、「成果の大きさ」を評価に用いていることになります。なぜなら、「難易度×達成度=成果の大きさ」を表すからです。つまり、難易度を判定することができるなら、成果の大きさを判定できることを物語っているため、それならば最初から成果の大きさによって評価すればよい、と言えます。

部門や職種が違えば、成果の種類や内容が異なるため、単純に横並びで比べることはできませんが、目標の達成度を評価に用いることによって、部門や職種を越えて同じ基準を適用できるというメリットがありました。しかし、従来のＭＢＯにおいても部門によって目標自体の甘辛がある、といった問題は存在しました。

そこで目標が低くて甘くなるケースを排除するために、ここでも「難易度」が議論されましたが、そもそも別の部門や職種の目標が甘いのか辛いのかを判断することは困難です。つまり、成果評価を全社横並びで行うことには無理があり、もともと部門や職種単位でしか判断ができないものと言えます。

このように、「部門や職種単位で成果の大きさを評価する」運用を行えば、達成度を評価に用いる必要はありません。そのことは、実はＭＢＯでもＯＫＲでも同じことなのです。

● 100%達成されなければならない目標をどうするのか

達成度を評価に用いることができなければ、予算目標のように全社でかならずやり遂げなければならない目標を徹底できない、と考えられることも少なくありません。

しかし、ＯＫＲにおいては１００％の達成を目指す「コミットメントＯＫＲ」（Committed OKR）をOKRツリーに含めることが許されています。このコミットメントOKRには、売上・利益といった予算目標もあれば、「事故ゼロ」などの必達目標も含まれます。つまり、達成度を評価に用いるのではなく、必ず達成されなければならない目標をOKRに含めてもよい、という考え方なのです。

もちろん、コミットメントOKRが多すぎると、アンビシャスというOKRの基本的考え方を維持できないため、一部に止める必要がありますが、このような運用は可能とされています。

5 クロスファンクション：コラボレーションを織り込んだ目標設定

従来のMBOにおける目標設定では、各人が自分の目標を考え、目標管理面談でリーダーの意見を聞いて確定する方法が一般的でした。しかし、OKRは簡単には達成できない野心的な目標であることから、自分一人だけの力ではなく、多くの人の協力を得ながら達成を目指すことが重要になります。つまり、OKRにおいては「コラボレーション（協力・連携）」が不可欠なのです。そのため、目標を設定するプロセスや実行するプロセスも、従来の目標管理とは異なったものとなります。

①ワークショップによるOKR策定

コラボレーションによって高い目標を達成するためには、そもそもOKRを立てる段階でコラボレーションを織り込んでおくことが効果的です。そのために、OKRを策定する際には一人で黙々と考えるのではなく、成果創出に関係するメンバーが集まって議論する場が必要とされます。その場が「OKRワークショップ」です。

高い目標の達成のためには、様々な専門性や知見を有するメンバーの関与が必要となるため、OKRワークショップは部門や機能横断（クロスファンクション）で実施されます。例えば部レベルのOKRを立てる際には、営業、開発、管理といった部の責任者が集まってOKRを議論するといったイメージです。

クロスファンクションでの取り組みを推進するために、全体をまとめるOKR事務局を設置することが必要になります。OKR事務局のメンバーは「OKRコーチ」としてワークショップのファシリテーションを実施したり、全社的なOKRの策定や運用の進捗や課題を管理するプログラムマネジメントを実施したりします。

②組織横断のOKRの関連付けとOKRの共有

クロスファンクションでのコラボレーションをより直接的に織り込む方法は、OKR自体にクロスファンクション連携の要素を含めてしまうことです。そのための1つ目の方法が、組織横断でのOKRの関連付けです。

●組織を越えたOKRの関連付け

例えば、営業部のOKRの達成にマーケティング部のメンバーが貢献しうるとき、営業部長のOKRに貢献する下位のOKRをマーケティング部のメンバーが設定する、といった運用が可能です。従来のMBOでは組織の縦割りが強かったため、他の組織の目標達成に貢献する目標を立てることなど考えられませんでしたが、OKRにおいては組織の壁を越えることはむしろ推奨されます。

●組織横断でのOKRの共有

クロスファンクションを織り込む2つ目の（より直接的な）方法は、異なる部門で共通のOKRを共有することです。例えば、あるOKRを達成するために営業、開発、管理部門で協力することが必要な場合、営業部長、開発部長、管理部長をそのOKRの共有オーナー（共同責任者）に設定するといった方法が可能です。別の言い方をするなら、そのOKRの達成を目指すバーチャルなチームを形成するのです。

OKRの共有はこのような組織の横の関係だけでなく、組織の縦の関係でも用いられます。たとえば、社長と担当役員が共通のOKRを共有する、あるいは部長と課長が共通のOKRを共有するといったケースです。縦でのOKR共有を行うことによって、OKRの階層を過度に深くせず、フラットな組織運営を行うことが可能です。

6 オープン：公開による成果の向上

従来のMBOにおいては、個人の目標はリーダーと「握る」ものであって、広く公開することは一般的ではありませんでした。ましてや、目標の進捗度合いを公開することなど言語道断でした。なぜなら、MBOでは目標の達成度によって人事評価が決まるため、進捗度を公開することは評価を公表するようなものだったからです。しかし、OKRにおいては目標とその進捗状況を公開することが基本です。ただし、OKRの達成度を人事評価に直結させないという前提条件が担保されている必要があります。

MBOにおける目標は売上や利益に関する予算目標が多く、各人に同じような目標が割り当てられました。そのため、目標の進捗状況を公開することに対しては、学校の試験の成績を公開するような抵抗感があったと思います。しかし、OKRにおいては各人のやりたい目標が異なり単純に比較できないため、公開することへの心理的な抵抗感は和らげられます。
その上で、目標とその進捗状況を公開することには以下の2つの効果があります。

①個人のコミットメント向上

OKRを公開することの1つ目の効果は、成果が高められることです（図13）。

「目標を記述する」⇓「目標を記述して公開する」⇓「目標と進捗状況を公開する」といった順番で、目標の達成度が高まるという調査結果があります。[注7] 目標と進捗状況を公開すること

図13｜目標共有の効果

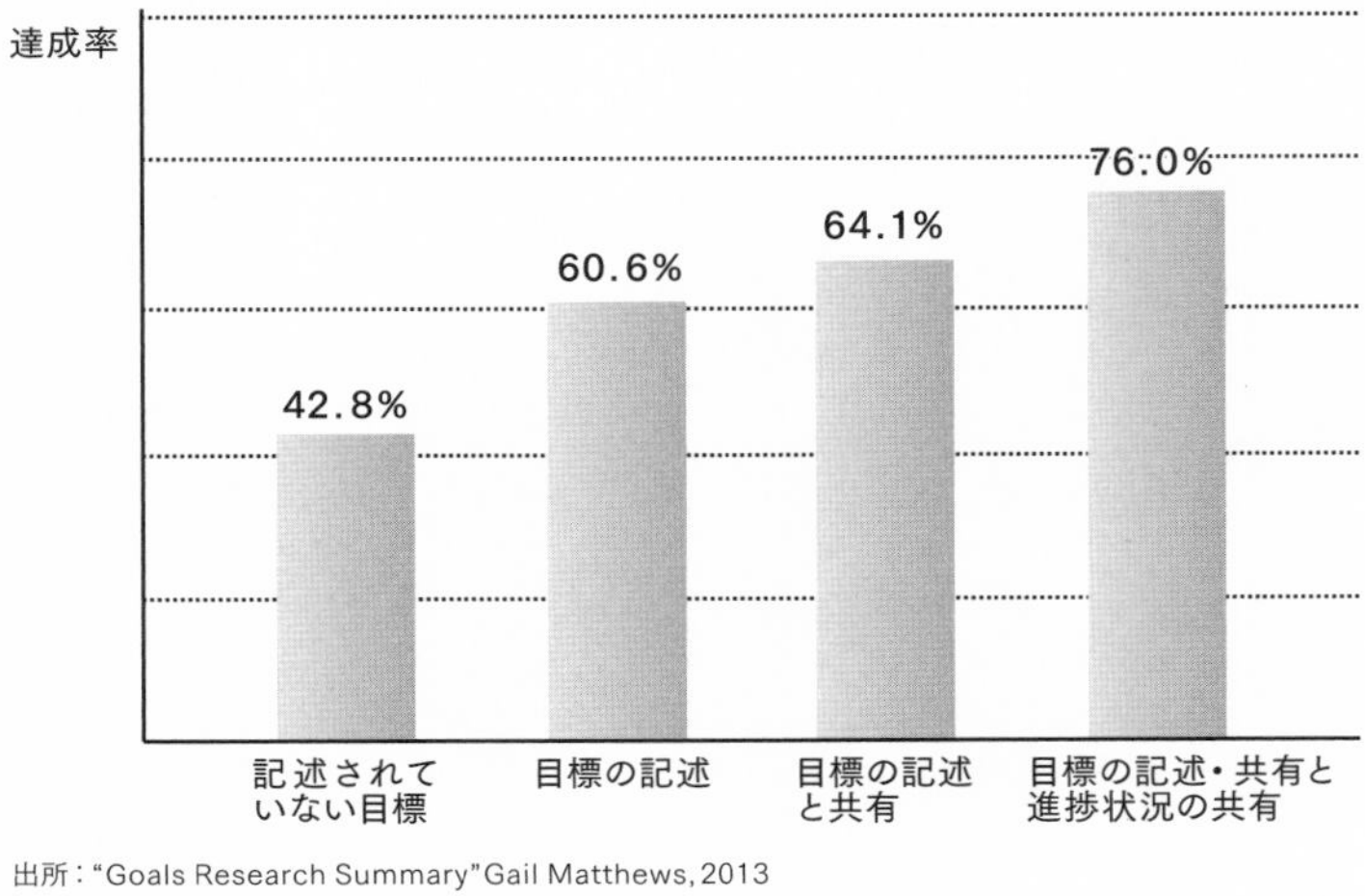

出所："Goals Research Summary" Gail Matthews, 2013

によって、アカウンタビリティ(説明責任)やコミットメントが強化されると考えられるからです。

目標達成に向けた意欲を引き出すために、一定の緊張感や責任感を持続させる動機付け要因は必要です。MBOでは目標の達成度を人事評価に結び付けた圧力的な動機付けが採用されましたが、OKRにおいては周囲に見られていること、および周囲に対して説明責任を有することによって、より健全にコミットメントが高められる環境を創ります。

②組織のパフォーマンス向上

OKRを公開することの2つ目の効果は、コラボレーションを容易にすることです。

組織の壁の存在を象徴する例として、同じ部内であっても隣のチームが何をしているのかわからない、といった声をしばしば耳にします。ましてや、部が異なれば、ますますブラックボックスのような状態になります。

隣のチームの業務内容は、業務分掌で知っているはずですが、「何をしているかわからない」と感じるのは、他部署が今まさに、何の目標に向けてがんばっているかがわからないからです。ＯＫＲと進捗状況を公開することによって、この問題が解消されます。

組織の成果に占める「ネットワークパフォーマンス」の比重が高まっていると言われています。ネットワークパフォーマンスとは、個人単独でのタスクによる成果ではなく、他者との相互関係によって生み出される成果を意味します。[注8]

たとえば、他者から何らかの貢献を得て自分の成果を出す。逆に、自分が他者に対して何らかの貢献を行って他者が成果を生み出す、といった相互貢献を増やすことによって、組織のパフォーマンスは高められます。ＯＫＲを公開することによって、個人の成果だけではなく、組織全体のパフォーマンス向上が期待されるのです。

7 一律ではないＯＫＲの時間軸

ＯＫＲには目標の設定と修正を短サイクルで繰り返すというイメージがあるかも知れません。しかし、ＯＫＲの時間軸をどの程度の長さで設定するか、つまり、ＯＫＲの期限を何か月後とするか、どれくらいの頻度で見直しを行うかは、企業が求めるスピード感とともに、事業がどのようなステージにあるかによっても違ってきます。

① 新規事業やスタートアップ企業の場合

新規事業やスタートアップ企業においては、１年先の事業の姿などイメージすらできないことも少なくありません。仮にイメージは描けたとしても、そのイメージは多くの仮説に基づいているため、仮説自体がすぐに変化します。今までやったことのないことに取り組むために、事業の進め方自体が自ずと実験と検証の繰り返しになるのです。

仮説を立てて、やってみて、その結果から学習するというサイクルをスピーディに回すことによって、経験学習の生産性を高めることができます。その生産性の違いは、企業の競争力を大きく左右します。このようなケースでは、ＯＫＲは四半期単位での設定を繰り返し、週単位で進捗状況を確認しながら、必要に応じて四半期の途中でもＯＫＲを見直すような運用が適しています。

② 成熟した事業の場合

逆にある程度安定した既存事業のウェイトが大きい組織の場合は、四半期程度の長さのOKRでは大きな変革を起こすことができないケースが多いでしょう。大きな成果を生み出すためには、じっくりと腰を据えた取り組みが求められるため、通常は1年単位の（場合によっては、1年を超える）時間軸が必要とされます。

進捗管理も週単位ではタスクや課題管理が中心となってしまうため、月次でOKRの進捗状況を把握した上で、週次のタスク・課題管理を行っていくサイクルが合っています。

腰を据えた取り組みも必要だが、事業のスピード感もキープしたいという場合には、年次のOKRと四半期単位のOKRの両方を設定するという方法もあります。それによって、常に先のOKRを意識しながら、目の前のOKRに取り組むことによって、「森も木も見る」という感覚を養う効果が期待されます。

OKRの時間軸は画一的な決まりがあるわけではなく、企業ごとの事業の状況やOKR導入のねらいに合わせて決定されることが必要です。

第3章

1on1
――パフォーマンスマネジメントの土台

column

「日頃、コミュニケーションをしているので１ｏｎ１は必要ない」

そういう声を耳にすることがよくあります。それに対して、「どのようなコミュニケーションをしているのか？」を深く尋ねていくと、実は上から下へのワンウェイのコミュニケーションになっていることが少なくありません。

１ｏｎ１を導入したばかりの企業では、１ｏｎ１に対して前向きでない管理職がかならず一定数、存在します。オンライン研修のブレークアウトルームの会話に聞き耳を立てていると、結構、本音の声に接することができます。

１ｏｎ１に対して前向きでない理由としては、管理型のマネジメントを手放して支援型に転換することで、業績が低下してしまうことを懸念しているという点もあると思われます。しかし、それ以上に、管理職という上の役職にあることによる自身のアイデンティティが失われるような、漠然とした抵抗感があるように感じます。

しかし、変化を拒み続けていたら、自分自身が環境変化から取り残されてしまいます。そのため管理職にこそ、みずから変わるための気づきが必要とされているのです。

1 1on1を定着させるための秘訣

リーダーとメンバーが1対1で頻繁に対話を行う1on1を制度として導入する企業が増えています。目標管理が従来のMBOに基づいて行われていたとしても、1on1を採り入れることにはさまざまなメリットがあります（本書では1on1を実施する上司・上長・マネジャー等を指して、より広い意味で「リーダー」と表現します）。

たとえば、リーダーとメンバーの相互理解が進むことで職場の心理的安全性が高められる、メンバーの抱える課題や悩みに対してタイムリーに対応できる、あるいはタイムリーにフィードバックを提供できる、メンバー一人ひとりに応じたサポートができる、といったようなメリットです。

そのため、1on1はそれ単独でも効果はありますが、組織全体にしっかりと定着させるのはかならずしも容易ではありません。緊急度の高い業務が発生したら、どうしても1

ｏｎ１より優先してしまいます。リーダーによって、どれくらい１ｏｎ１に重きを置くかの違いもあるでしょう。かといって、１ｏｎ１の実施状況を管理して強制的にやらせるようなやり方では、義務感が生じてしまいます。

ところが、１ｏｎ１がパフォーマンスマネジメントの他の要素と結びつくことで大きな相乗効果が生まれます。１ｏｎ１が単独で存在するのではなく、他の制度と組み合わせられることで組織マネジメントにしっかり浸透させることが可能になるのです。

たとえば、OKRと１ｏｎ１が組み合わさることによって、目標を意識したコミュニケーションが可能になります。それによって、期初に立てた目標がそのまま放置されることなく、頻繁に対話のテーマとして取り上げられます。また、ＯＫＲを組み合わせることで１ｏｎ１での対話の目的が明確になります。実際に、「ＯＫＲを導入したことで、１ｏｎ１が頻繁に実施されるようになった」と語る、企業の担当者もいます。

通常の１ｏｎ１においても、リーダーからメンバーに対してポジティブフィードバックや改善課題のフィードバックが行われますが、リーダーがその時に気づいた事象に限られるため、どうしても断片的になってしまいます。そのため、年に1度の３６０度フィードバックで総合的なフィードバックをもらい、１ｏｎ１の場ではタイムリーなフィードバックが得られるという組み合わせによって、メンバーにとって、より有意義なフィードバック機会が提供されることになります。また、360度フィードバックは、リーダー自身がマネジメントを変えるきっかけにもなるでしょう。

人材開発会議は1on1が前提となります。1on1でメンバーのキャリア志望や強みをリーダーが理解できているから、人材開発会議でメンバーのキャリアについての議論が可能になります。逆に、リーダーは人材開発会議の場でメンバーのキャリア開発方針について語らなければならないため、1on1でのキャリア開発支援に真剣に取り組むようになります。

以上のように1on1とパフォーマンスマネジメントの他の要素が結びつくことによって、相乗効果が生まれ、1on1の効果がより高められます。逆に言うと、1o

図14|1on1はパフォーマンスマネジメントの土台

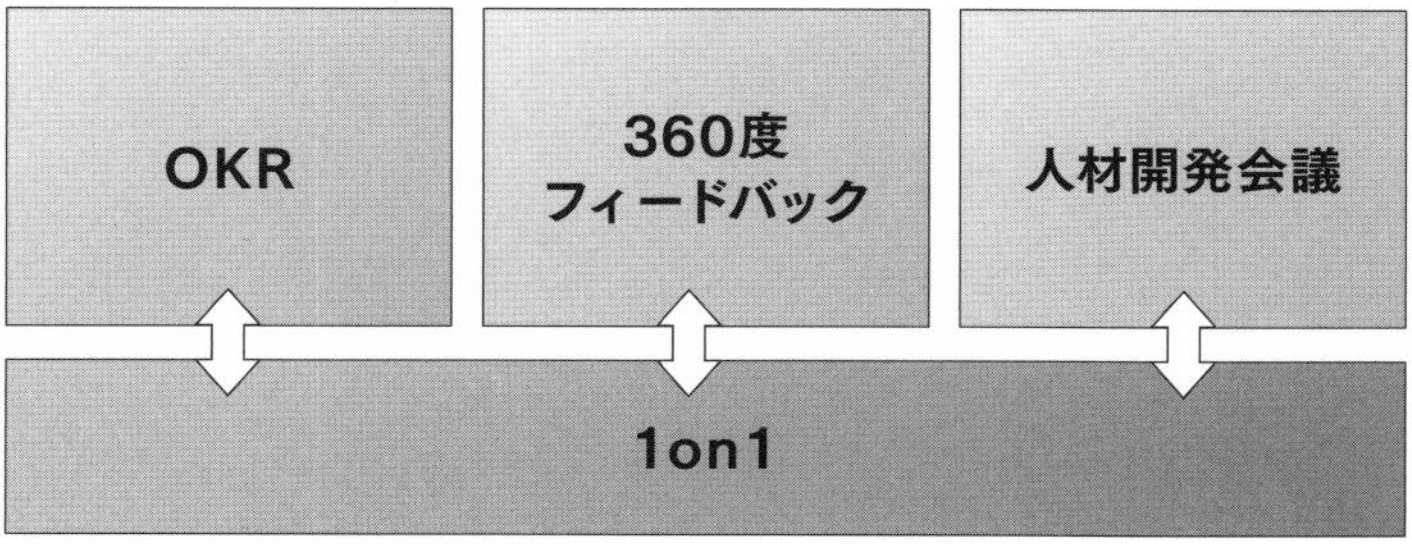

ｎ１なしではパフォーマンスマネジメントは効果的に機能しなくなってしまうため、１ｏｎ１はパフォーマンスマネジメントの土台であると述べても過言ではありません（図14）。

2 ワークエンゲージメントの向上が目的

リーダーとメンバーが頻繁に対話を行う１ｏｎ１は、米国の企業において２０１０年代の前半から積極的に採り入れられるようになりました。これは、１ｏｎ１がそれ単独で導入されたというよりも、年次評価の廃止（ノーレイティング）の流れと同時に広がったものです。

それまでの面談はというと、今も多くの日本企業が行っているように、期初に目標設定を行い、期中に中間レビューをして、期末に評価結果をフィードバックするという、年に３回の面談が中心でした。前述のように、このようなＭＢＯの面談では、進捗や達成度の管理に主眼が置かれています。

それに対して、当時、以下のような疑問が投げかけられました。注9

- 年に3回、管理型の面談を行うことでパフォーマンスが向上するのか？　パフォーマンスは面談と面談の間の日常的な業務を通じて発揮されるのではないか？
- パフォーマンス向上に寄与しない割に、年次評価には労力がかかり過ぎているのではないか？　同じ労力を費やすのであれば、「管理」するよりもメンバーを頻繁に「支援」した方が得策ではないか？

1on1は単にリーダーとメンバーのコミュニケーションの頻度を増やすだけではなく、マネジメントスタイルを管理型から支援型に転換することを目的としています。

メンバーのパフォーマンス向上を支援するといっても、当然のことながらリーダーがメンバーの仕事を手伝ってあげることを意味するのではありません。それは、メンバーが最高のパフォーマンスを発揮できるように、「強み」を引き出す支援を行うことに他なりません。

「仕事にそうした喜びの要素が含まれるとき、つまり自分の仕事に愛を感じるとき、人はすばらしい仕事をする」(マーカス・バッキンガム)と言われるように、[注10]「強み」とは単なる能力ではなく、仕事における喜びや歓喜の感覚であり、まさにワークエンゲージメントが高い状態を指しています。

そのため、支援型のマネジメントにおける1on1は、メンバーのワークエンゲージメントの向上を支援することを最大の目的とする必要があります。1on1は「メンバーのための時間」と言われますが、より丁寧に述べると、メンバーが仕事において「活力・熱意・没頭」を感じられるように、リーダーが話を聞いたり、相談に乗ったり、アドバイスを提供したりするための時間・場であると言えます。

3 1on1における4つの支援

第1章で述べたように、ワークエンゲージメント向上のためには自律的な働き方が不可欠です。しかし、現実的には自律的に仕事ができるメンバーばかりではありません。「自律的に考えて行動せよ」と言われても、自信が持てなかったり、判断するための情報や経験が不足していたりして、自分から動けないメンバーも多いことでしょう。また、ＭＢＯによって上から目標を与えられることに慣れ過ぎて、自分で考える習慣が付いていないケースも少なくありません。

そのため、リーダーは１ｏｎ１を通じて、メンバーの自律を促す４つの支援（図15）を行っていく必要があります。[注11]リーダーにとって１ｏｎ１は、「支援型マネジメント」を実践するための場であると言えます。

多くの企業において、リーダー層に

図15｜1on1における4つの支援

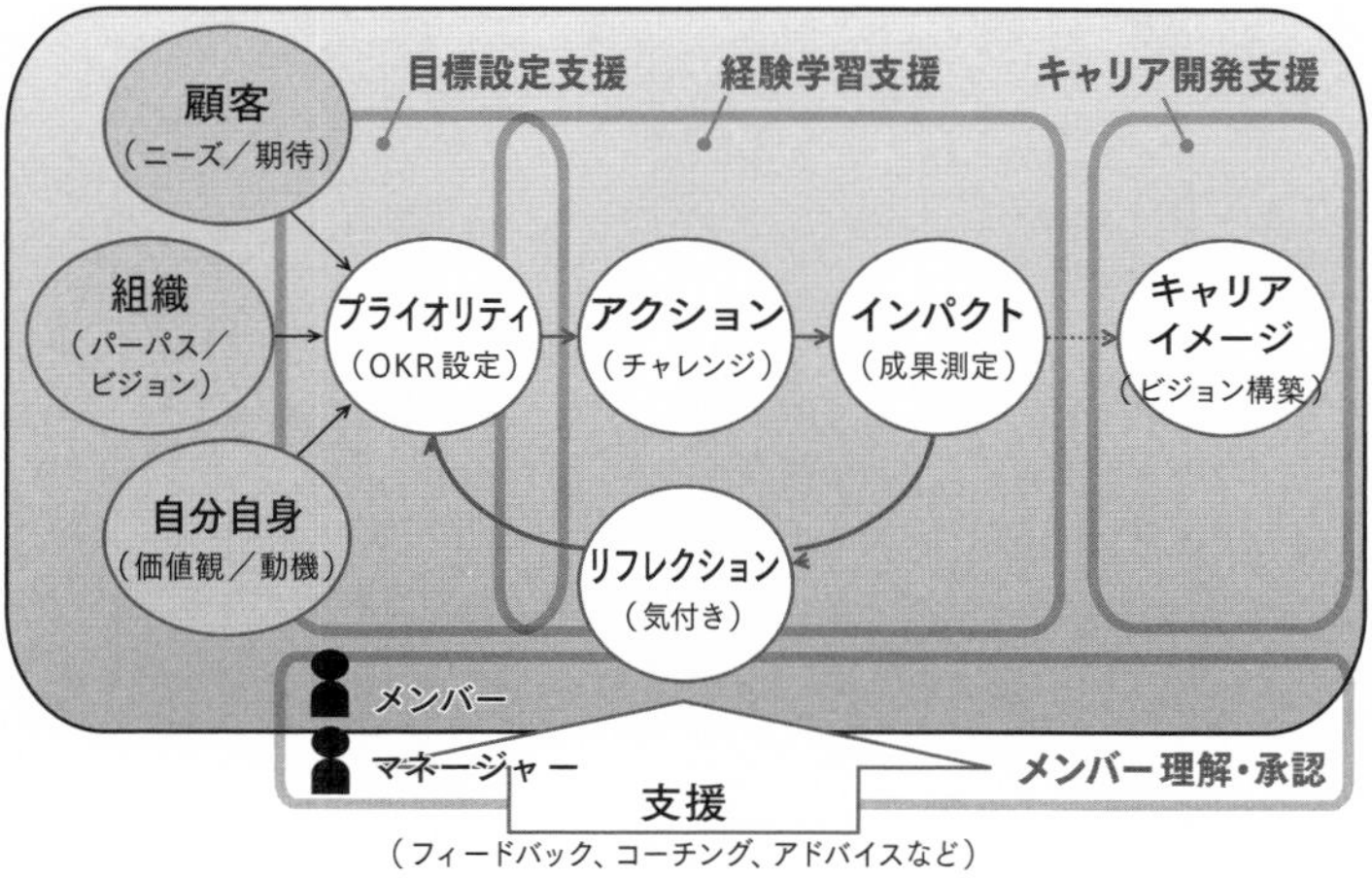

対するマネジメント教育が不足しています。しかも支援型マネジメントは、多くの企業にとって新しい分野であるために、これまで教育が行われてこなかったとしても仕方ありません。そのため、１ｏｎ１を導入するに当たっては、リーダー層に対する十分なトレーニング機会が提供される必要があります。

しかし、マネジメントを実践するのはリーダー本人であるため、トレーニングを行ったとしても、１ｏｎ１の質がリーダーの力量によって左右されざるを得なくなります。それをカバーするためにも、会社としての仕組みを構築することによって、リーダーの力量だけに頼らずに支援型マネジメントの浸透を図ることが重要です。

図14（81ページ）に示したように、目標設定はメンバー自身が自律的に設定するというＯＫＲの仕組みを導入する、フィードバックはリーダー以外からも３６０度でもらえる、将来のキャリアに関するメンバーの考えを人材開発会議に伝えることができる、といった仕組みによって、メンバー自身が常に自律を意識する環境を整備します。

同時に、リーダー自身も同じ枠組みにおける実践者となります。リーダー自身がアンビシャスなＯＫＲを立て、３６０度フィードバックで内省し、自身のビジョンに向けてキャリア形成を行っていくことによって、リーダー自身も実践者となり、メンバーから信頼される支援を提供することが可能になります。

このように、会社としての仕組みの構築と、リーダー自身のマネジメント力の向上は一体的に行われることが理想ですが、1on1のみが単独で導入された状況にあっても、管理型から支援型へのマネジメントの転換は必要とされます。

以下では、1on1においてリーダーがメンバーに提供する4つの支援について、要点を解説します。

4 メンバー理解・承認：モチベーションスイッチを入れる方法

未経験のことに対しても果敢にチャレンジしていくためには、ある種の自信が必要です。その自信とは、ちょっとやそっとの困難があっても、「やればできる」と自分を信じることができる「自己肯定感」を意味しています。自分は努力すれば成長できるという信念（グロースマインドセット）が、人の成長のための前提条件になります。注12「そんなこともできないのか」とリーダーからダメ出しをされ続けると、「どうせ自分にはできない」と、メンバーの自己肯定感は低下してしまいます。「どうせ無理」とメンバーが鼻から思っている状態では、努力して、困難を乗り越え、達成感や成長実感を得ることなどできません。

求められる知識やスキルの変化が激しいために、リスキル（学びなおし）が求められていますが、そもそも学習したいという意欲を有していることが必要です。そのような意欲を引き出すためには、「やればできる」という自己肯定感が前提として求められるのです。

したがって、１ｏｎ１においてリーダーが行うべき第1の支援は、メンバーを理解して「承認」することです。メンバーが、「自分は認められている」と感じられることによって、自分の存在価値を確認することができ、それによって自己肯定感が高められます。

では、承認とは何を認めることでしょうか。図16の氷山モデルにおける水面の上は、業務に必要なスキルや知識を指しています。つまり、「何ができるか」を表しています。しかし、承認において重要なのは、水面の下の「どういう人か」という個性の部分です。それは、後から得たスキルや知識ではなく、その人の存在そのものを示しているからです。

氷山のいちばん下にある「内的動機」とは、その人がどういう時にやる気になったり、充実感を持てたりするかという、いわば「モチベーションのスイッチ」です。この内的動機は、1つ上にある「価値観」とつながっています。価値観とは、その人が何を大切にするか、何にこだわるかといった基準を意味します。自分の価値観に合った行動は発揮しやすいため、その人らしい思考・行動の特性として頻繁に出現します。

承認とは、この水面の下の部分を認めること、つまり、その人らしさを理解して認めることです。自分という存

図16|能力の体系

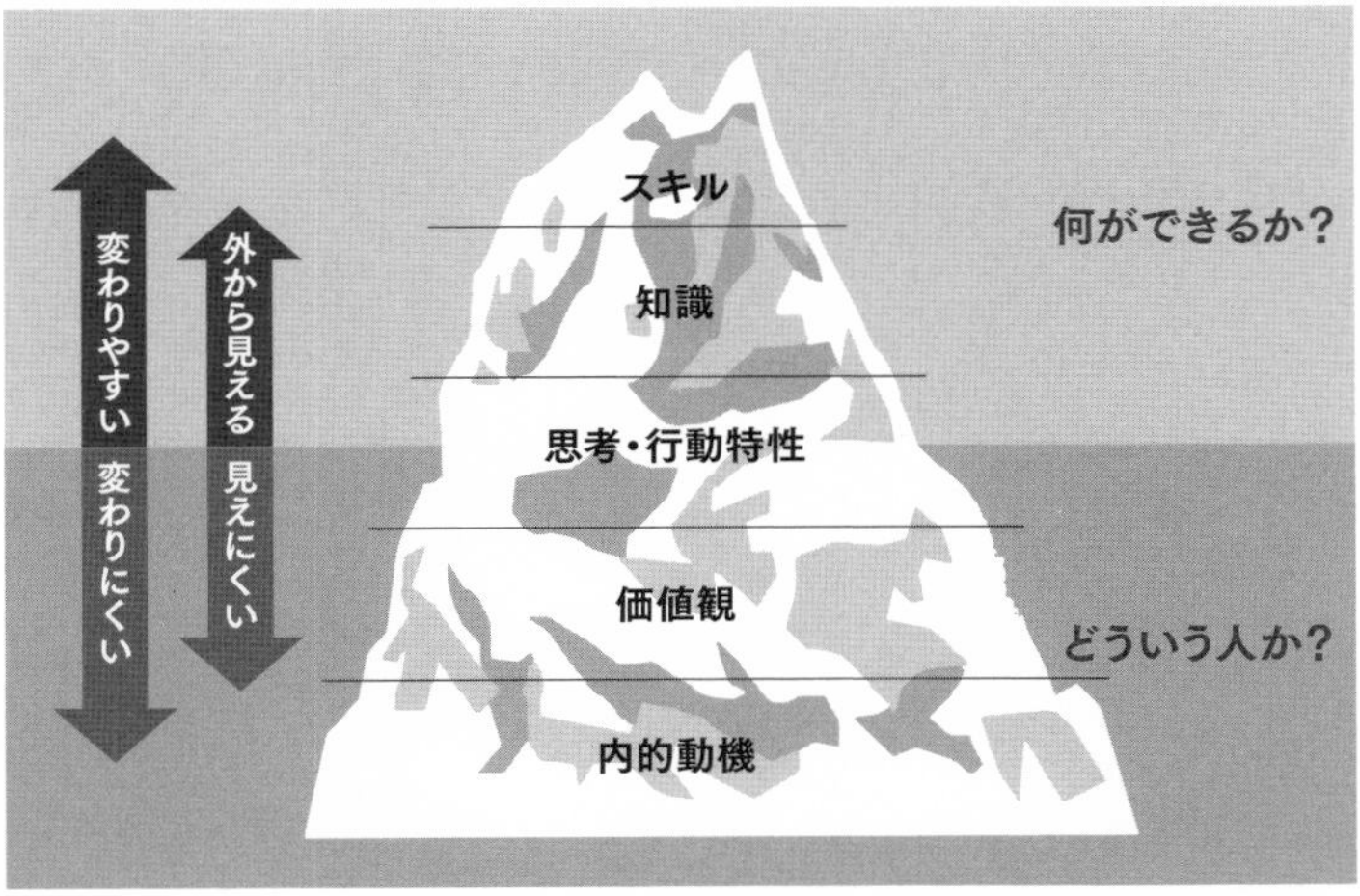

在が否定されるのではなく、受け容れられていると感じることで、「自分には存在価値がある」と自己肯定感が高められ、「やればできる」「やりたい」という気持ちが引き出されるのです。

承認のためにリーダーが行うべき具体的な言動として、「ポジティブフィードバック」が有益です。日頃の行動観察を通じて、その人らしい良さを伝えるのがポジティブフィードバックです。

行動観察には「V」「B」「I」の3つの視点があります。

1つ目は、メンバーが大切にしている価値観（Value）を理解し、それを認めていると伝えることです。たとえば、「○○さんはいつも自分のことより相手のことを先に考えているよね」といった例です。

2つ目は、その人らしい行動(Behavior)が発揮された場面について伝えることです。「この前のトラブルの時に真っ先にお客様に連絡したのは○○さんらしかったね」といった例です。

3つ目は、行動の結果、どのような成果や周囲への影響（Impact）が現れているかについてです。「○○さんのおかげで最近、チームに助け合う雰囲気が生まれてきたと思うよ」

といった例です。リーダーだけでなく、周囲から感謝されたり認められたりすることで、より自己肯定感が得られます。

このように、リーダーがメンバーを承認できるようになるには、フィードバックのスキルもさることながら、「多様性を受け容れる」「他者に対して敬意を持つ」といった姿勢が不可欠です。リーダーがそのような姿勢を持てるかどうかは、本人だけの責任ではなく、会社のバリュー(価値観)として、多様性の尊重が明示され、組織で共有されていることが重要です。バリューについては、次章であらためて述べます。

5 目標設定支援：OKRの設定を支援する方法

OKRによる目標設定では、MBOのように上から「これをやりなさい」と命じることは御法度であり、メンバーが主体的に、「やりたい」目標を設定しなければなりません。メンバーがめいめいに目標を立てると勝手な目標が設定されてしまうと危惧する人もいますが、むしろ逆で、メンバー自身が目標設定に悩むことの方が多いのが実際のところです。

メンバーからすると自分の目標が組織の期待に合っているのか、もっと的を射た目標はないか、目標値のレベル感は適切かといったことを、自分一人ではなかなか判断できません。そのため、リーダーが相談相手となり、自身の目標設定に確信が持てるように後押ししてあげる必要があります。

また、メンバーのOKRを作成する際には、メンバーに丸投げするのではなく、以下のようなステップを踏むことが望まれます。

●チーム（リーダー）のOKRを、チームメンバー全員に丁寧に説明
↓
●各メンバーが自身のOKR案を作成
↓
●チームメンバー全員が集まって、各自のOKR案を共有のうえ意見交換
↓
●各メンバーがOKR案を修正

● リーダーとの1on1でOKRを最終化

↓

自分のOKRについて、これをやりたいと決めるのはメンバー自身でなければなりませんが、リーダーは1on1を通じて以下のような問いかけを行いながら、メンバーの考えを整理する手助けをします。

● 上位のOKRのどれに貢献したいか？　貢献する意義や目的を強く感じられる上位OKRは何か？
● メンバーのOKRは会社の方向性と自身のキャリアビジョンに沿っているか？
● 会社の業績に貢献し、かつ自身の成長につながる、最も重要なOKRにフォーカスしているか？
● そのOKRは意欲を掻き立てるか？ ワクワクするか？

また、OKRの立て付け等に関して、以下のような点を確認します。

● Objective（O）とKey Result（KR）の整合が取れているか？

● ＫＲは測定可能な結果指標となっているか？　Ｏが達成されたかどうかを測定するためのより効果的な方法や指標はないか？

● ＫＲは十分にアンビシャスなレベルで設定されているか？

ＯＫＲが設定された後も、１ｏｎ１でＯＫＲに関するコミュニケーションは継続されます。これは、ＭＢＯにおける目標の進捗管理とは目的が異なります。ＭＢＯでは、上から与えた目標の進捗状況を上司が把握するという、上司のための管理が目的でしたが、ＯＫＲにおいては、メンバーが自発的に設定した目標の達成を支援することが目的となります。ＯＫＲに沿って挑戦した結果から何に気づいたか、ＯＫＲを達成するためにどのような支援が必要か、ＯＫＲの達成に向けて次にどのようなアクションを実施するか、といったように、過去の振り返りから未来のアクションにつながる経験学習モデル（図３：24ページ）を、ＯＫＲに沿って回すことが可能となります。それによって、１ｏｎ１がより具体的で成果に直結したものとなるのです。

6 経験学習支援：気づきと学びを引き出す方法

変化が激しく、不確実性が高まっている環境では、機敏に学ぶ能力（ラーニングアジリティ）が強く求められます。未知の変化に立ち向かい、その経験から学習を続けることで、自分自身を環境に適応させていくことが必要とされるからです。

第1章でも述べたように、社会人の学習の7割は仕事の経験を通じて得られると言われています。残りの3割は本を読んだり、研修で学んだり、先輩から教えを受けたりするようなことが含まれます。

経験を通じた学習には、未知の経験で試行錯誤を繰り返すうちに、「こういう時にはこうすればよいのだ」と自分なりに体得していくような学びが含まれます。あるいは、本や研修で学んだ専門知識を現場で応用する過程で、「これにはそういう意味があったのか」と気づくようなこともあるでしょう。

いずれにしても、経験を経験だけで終わらせずに、経験を振り返り、そこからの気づきや学びを自分の糧にしていくプロセスが重要です。このプロセスを自律的に回すことが望まれますが、経験学習を自分一人で行うことは容易ではありません。

読者の皆さんも、過去1ヵ月の経験から何を学んだかを考えてみてください。おそらく、大小さまざまな経験をして、その時々では何かに気づいていたはずですが、あらたまって何を学んだかを思い出そうとしてもすぐには浮かんでこないのが通常のことです。そのため、経験学習においては話し相手の存在が重要になります。

1on1の場において、リーダーはメンバーの経験学習を支援することが必要ですが、その際には**図3**（24ページ）の経験学習モデルに沿って話を進めるとスムーズです。以下では、1on1におけるリーダーによる経験学習支援の方法について解説します。

①具体的な経験

まず、振り返りの対象となる具体的な経験を決めます。

OKRが導入されている場合は、「OKR達成に向けてチャレンジしたことは何か？」「O

KRに向けて、うまくできたこと、あるいはうまくできなかったことは何か?」といった質問を投げかけるとよいでしょう。OKRが導入されていない場合でも、「この1ヵ月で印象に残っている仕事の場面を教えてほしい」と問いかけると、何らかの経験が思い出されるはずです。

②内省的な観察

その経験を対象に、メンバーの「振り返り」を支援します。メンバーに経験を語ってもらい、リーダーはそれに対して質問します。リーダーによる質問の目的は、メンバーの「内省」を促すことです。

質問する際のポイントは、経験の詳細を知ろうとして、出来事や仕事の内容(「事柄」)に関する質問ばかりを行わないことです。事柄を尋ねられると、メンバーの意識は自分の外側に向いてしまうため、内省が進みません。事柄の詳細情報を思い出すだけでは、「気づき」に至らないのです。

それでは何を尋ねるかというと、「その時どう感じたか?」「それがなぜ印象に残っているのか?」といった気持ちや思いを中心に質問します。それによって、メンバーの意識は自分の内面に向けられるからです。

そもそも、何も感じなかった出来事は思い出されることがないでしょう。思い出される経験は、何かを感じたから思い出されるのであるため、そこに学習の糸口が存在しているのです。経験にまつわる感情は、「嬉しかった」「後悔した」といった明白な感情ばかりではありません。「何となく腑に落ちない」といったもやもやした感情を抱いている場合には、「なぜ、そう感じるのか?」と問いかけることでメンバーの振り返りを促すことが効果的です。

③抽象的な概念化

次に、「気づき」や「学び」を確認します。

「振り返り」がある程度、深まったところで、リーダーからメンバーに対して、「そこから何に気づいた?」「何を学んだ?」といった質問を投げかけます。それによって、メンバーは「自分は何を学んだのだろう?」と、自分の内面に意識を向けて考えます。その「気づき」や「学び」は確信的なものでなくても構いません。次のアクションへとつながる何かのきっかけがあれば、経験学習サイクルを回していくことが可能になります。

④積極的な実験

経験からの学びを活かして、「次へのアクション」を設定する段階です。

リーダーからメンバーに対して、「その学びを次にどう活かしたいか?」「次にどのようなことをやってみたいか?」と尋ねます。同時に、次へのアクションに際して、リーダーからどのような支援を行うことが効果的かを、メンバーと一緒に考えます。こうして、次回の1on1に向けたアクションプランの設定を行うことで、継続性を持った1on1を実施することが可能になります。

OKRが導入されていなかったとしても、リーダーによる経験学習支援には意味がありますが、OKRと経験学習支援がセットになることで、より明確な方向性を持った1on1が実施できるようになるのです。

7 キャリア開発支援：メンバーのキャリア開発を支援する方法

メンバーがワークエンゲージメントを高めるために、仕事の「楽しみ」や「意義」を感じられると同時に、仕事を通じて自分の「可能性」が広がっているという感覚を持てることが必要であることを第1章で述べました。言い方を換えれば、目の前の仕事と将来のキャリアビジョンがつながっていると信じられることによって、迷わずに仕事に打ち込むことができるのです。

そのためリーダーは、メンバーが仕事を通じて将来のキャリアビジョンが実現する「可能性」を実感できるようにキャリア開発支援を行います。しかし、リーダーの力量のみによって、メンバーのキャリア開発支援をやり切ることには限界があります。キャリア開発支援における1on1の位置づけは重要ですが、同時により広範な会社の仕組みを整備することが求められます。

キャリア開発支援には以下の2つの段階があります。

STEP1：キャリアビジョンを描く段階における支援
STEP2：キャリアビジョンの実現に向けてアクションを行う段階の支援

STEP1でキャリアビジョンを描くのはメンバー自身です。将来のビジョンが明確な、自律したメンバーに対しては、この段階での支援はあまり必要ありませんが、ビジョンが描けていない、あるいはあまり考えたこともないメンバーが多いのが実情でしょう。

リーダーには、メンバーがキャリアビジョンを描く際の相談相手になることが求められますが、メンバーのキャリアビジョンを代わりに決めてあげることはできません。そのため、本人が何も考えていない状態で、1on1で話してもあまり効果的な対話にならないので、メンバー一人ひとりにキャリアについて少しでも考えさせるプロセスを、会社として用意することが必要です。

通常、このプロセスは「自己申告制度」に代表されます。会社によっては、「キャリアプラン制度」などの独自の名称がつけられていることもあります。

自己申告では、将来のキャリア志望や直近における異動や働き方の希望などを記入して人事部門に提出するのが一般的ですが、１ｏｎ１を通じたキャリア開発支援を機能させるためには、メンバーの自己申告をインプットとして、リーダーとの１ｏｎ１を実施する流れを作ることが必要です（図17）。

もちろん、直属のリーダーには伝えにくい内容を人事に直接伝えるというルートを用意することも必要ですが、本人のキャリア志望をリーダーに伝えるルートがなければ１ｏｎ１におけるキャリア開発支援は機能しません。その際のキャリア志望は確定的なもので

図17｜1on1におけるキャリア開発支援

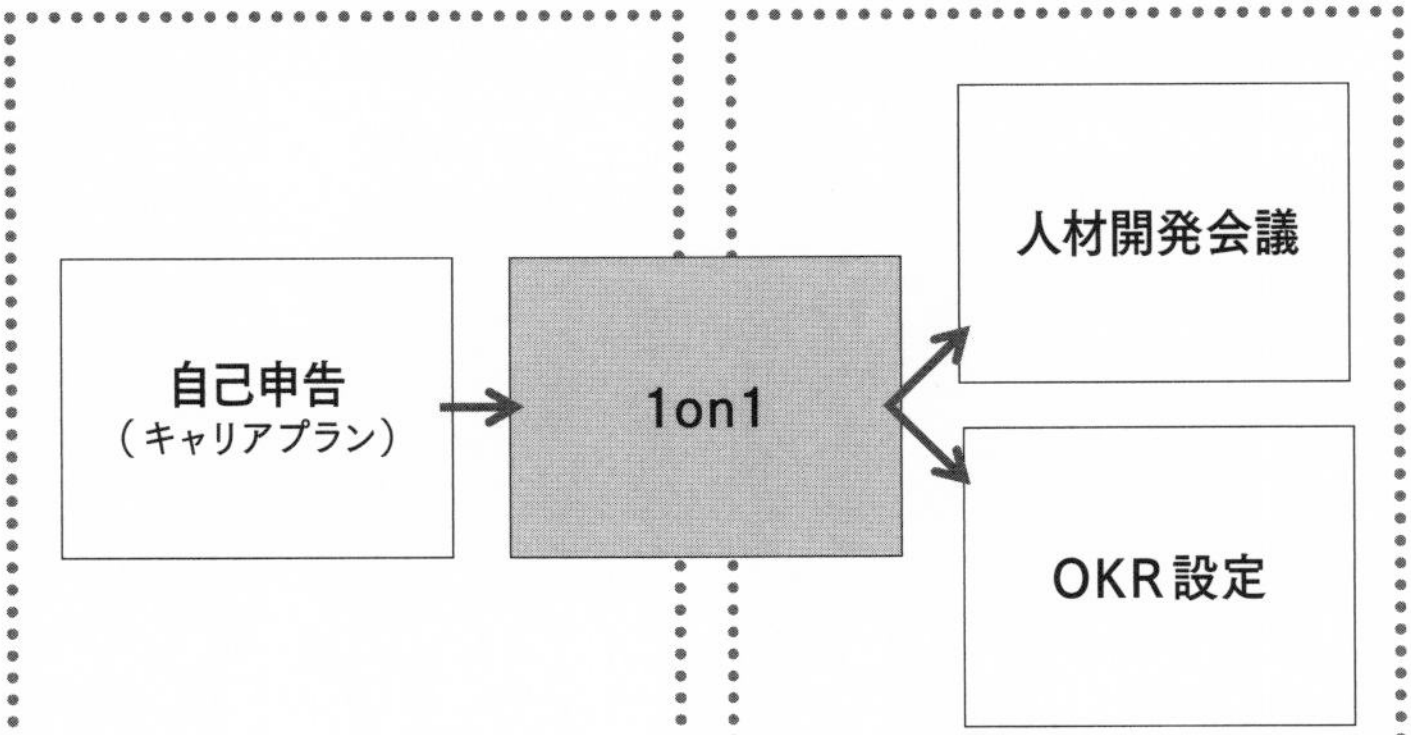

なくても構いません。1on1の場でリーダーと相談しながら、自身の考えを整理するためのインプットとなりうることが重要です。

このプロセスが効果的に機能するためには、リーダーはメンバーのキャリア形成を第一に考えてくれていると、メンバーから信頼されることが必須です。リーダーが自分のチームの業績を最優先にしてメンバーを囲い込もうとしているような状況では、メンバーから異動の希望を伝えることなど困難だからです。

また、メンバーがより深く考えた上で自己申告を作成できるように、会社として節目ごとの年齢でキャリア研修の機会を提供するといった施策も効果的でしょう。

STEP2において、リーダーの役割はより重要になります。キャリアビジョンそのものは、本人でなければ考えられませんが、それに向けたアクションの段階ではリーダーの支援範囲が広がるからです。

1on1でメンバーのキャリア志望をよく理解した上で、メンバーがビジョン実現に向けた経験を重ねられるように、リーダーは人材開発会議においてメンバーのキャリア開発のシナリオについて説明し、議論します。会社としてできる限りメンバーのキャリア開発を支援してもらえるように働きかけるために、リーダーが果たす役割は重大です。

ＳＴＥＰ２における２つ目の支援は、メンバーのＯＫＲにキャリアの方向性を織り込む手助けをすることです。将来のキャリアビジョン実現に向けたアクションも、今期のＯＫＲ達成に向けたアクションも、どちらもアクションを実施するのは現時点です。したがって、今期のＯＫＲ達成に向けてアクションを続けた結果、中長期的なキャリアビジョンに近づいているという姿が理想となります。

そのためにリーダーは、メンバーのキャリアビジョンをよく理解した上で、先に述べた目標設定支援の対話を行っていくことが必要です。

第4章

評価とフィードバック
――行動変革を促す

column

「ＯＫＲを導入したのだが、現場ではＭＢＯになってしまっている」

おかしな話ですが、このような声を聞いたことがあります。従来の評価制度はそのままにしてＯＫＲを導入したからでしょう。ＯＫＲに基づいて組織運営を行うことを決めたのであれば、当然、評価のあり方も見直されなければなりません。

「評価制度　調査」とウェブで検索すると、評価制度に関する意識調査の結果がたくさんヒットします。多くの調査結果において、評価制度に不満を持っている人数が、満足している人数を大きく上回っています。それほど納得感が乏しいにも関わらず、評価制度にはなかなか大きな変化が起こってきませんでした。

その理由はいくつか考えられますが、もっとも重要な要因は、これまでの評価制度が専門的で複雑だという点にあるのではないかと思います。そのために、現場からもっとこうした方がよいといった意見を自由に述べるのが難しく、いわば「聖域」と化しているのです。

複雑で閉鎖的な評価制度から、シンプルでオープンな評価制度への転換が求められています。

1 人事評価の本来の目的はフィードバック

OKRに向けてアクションを行った結果、自分の働きがどれだけ組織に貢献できたかが何も総括されなければ、結果が足りているのか、行動は適切であったかが不明確なままになってしまいます。そのような状況では、次の目標設定やアクションにおいて、何をどれくらい見直せばよいかを見定めることができないため、会社における期の区切りごとに、人事評価という確認のステップが設けられています。

人事評価には大きく2つの目的が存在します。1つ目は、評価結果に基づいて適正な処遇を決定することです。会社として従業員の処遇を決めるためには、客観的な基準が必要とされることから、評価制度に基づいた評価基準が用いられます。それには会社にとって重要な人を判別するというねらいも含まれます。これはどちらかというと、会社のニーズに対応した目的と言えます。

評価の2つ目の目的は、フィードバックを提供することです。人が成長したり、軌道修正を行ったりするためには、かならずフィードバックが必要です。個人の側からすると、処遇が適正に行われることはもちろん必要ですが、それ以上に自身の行動変革や成長のためのフィードバックが重要となります。単に評価点を付けられるだけでは、評価の価値が薄れてしまうのです。

フィードバックの「フィード」(feed)には、もともと動物などに「食べ物を与える」という意味があります。その目的は、栄養を与えて成長を促すことです。そのため、欧米では「フィードバック・イズ・ア・ギフト」と言われるように、フィードバックは相手の成長のための「贈り物」という考えがよく用いられています。

従来のMBOにおける評価においても、これら2つの目的は謳われてきましたが、現実的には「会社のニーズ>個人のニーズ」になっていたのが実態でしょう。多くの企業において期末の評価フィードバック面談は形骸化しており、実施されていたとしても評価結果を伝えるだけの形式的なものに止まってしまっているケースが少なくありません。

フィードバックを欠いた状態では、従業員はいわば「栄養不足」に陥ってしまいます。その結果、評価はワークエンゲージメントを高める方向に作用するのではなく、むしろワークエンゲージメントの阻害要因になってしまっているのです。

2 ノーレイティングとは何か

適正な処遇を決めようとして、MBOにおける評価では、期初に立てた目標の達成度を基準として「レイティング」を実施する運用が一般的に行われてきました。レイティングとは評価において、従業員の成績をS・A・B・C・Dといったように格付けすることを指しています。

レイティングの結果は第一に報酬の決定に用いられています。レイティングはその期の業績という「短期業績」を対象にしているため、賞与額の決定にレイティングを用いる会社が多数ですが、中には昇進・昇格の決定や基本給の決定のためにレイティングを使っている会社もあります。たとえば「3年連続A評価以上を取っていることを、マネジャーへの昇進の条件とする」といったような活用方法が編み出されることによって、レイティングは日本企業の人事制度に複雑に組み込まれています。

また、業績評価には絶対評価と相対評価の2つの考え方がありますが、企業の賞与原資は青天井ではなく総額が決まっているため、レイティングは相対評価になることがほとんどです。

相対評価を行う際には、正規分布を作る方法が用いられるのも一般的です。後述のように、この方法は実態を歪めているのですが、2・6・2の法則といった通念や学生の試験における偏差値のイメージなどがあるためか、正規分布は公平性を担保しているように信じられています。

「ノーレイティング」とは、文字通り、このようなレイティングを止めることを意味しています。アメリカでは2010年を過ぎた頃からノーレイティングを実施する会社が現れ始めました。レイティングを止めた理由として、以下のようなレイティング自体の問題点が指摘されています。これらは、今までレイティングの前提と考えられてきたことが、実際は違っていたことを意味しています。

● 脳科学の研究によると、数値によるレイティングは人を成長に向けて動機付けるのではなく、むしろ成長意欲を減退させることがわかった。[注13] 評価制度の本来の目的は報酬額を決定することよりも、人の成長を促進することにあるはずだが、レイティングはそれに役立っていないばかりか、逆にマイナスに作用している。

● 人のパフォーマンス（成果・生産性）の分布を調査してみると、正規分布ではなくパレート分布（べき分布）となることがわかった。[注14] 平均前後に大多数が集まる正規分布が人為的に作られることによって、報酬配分における

図18 | 正規分布とパレート分布

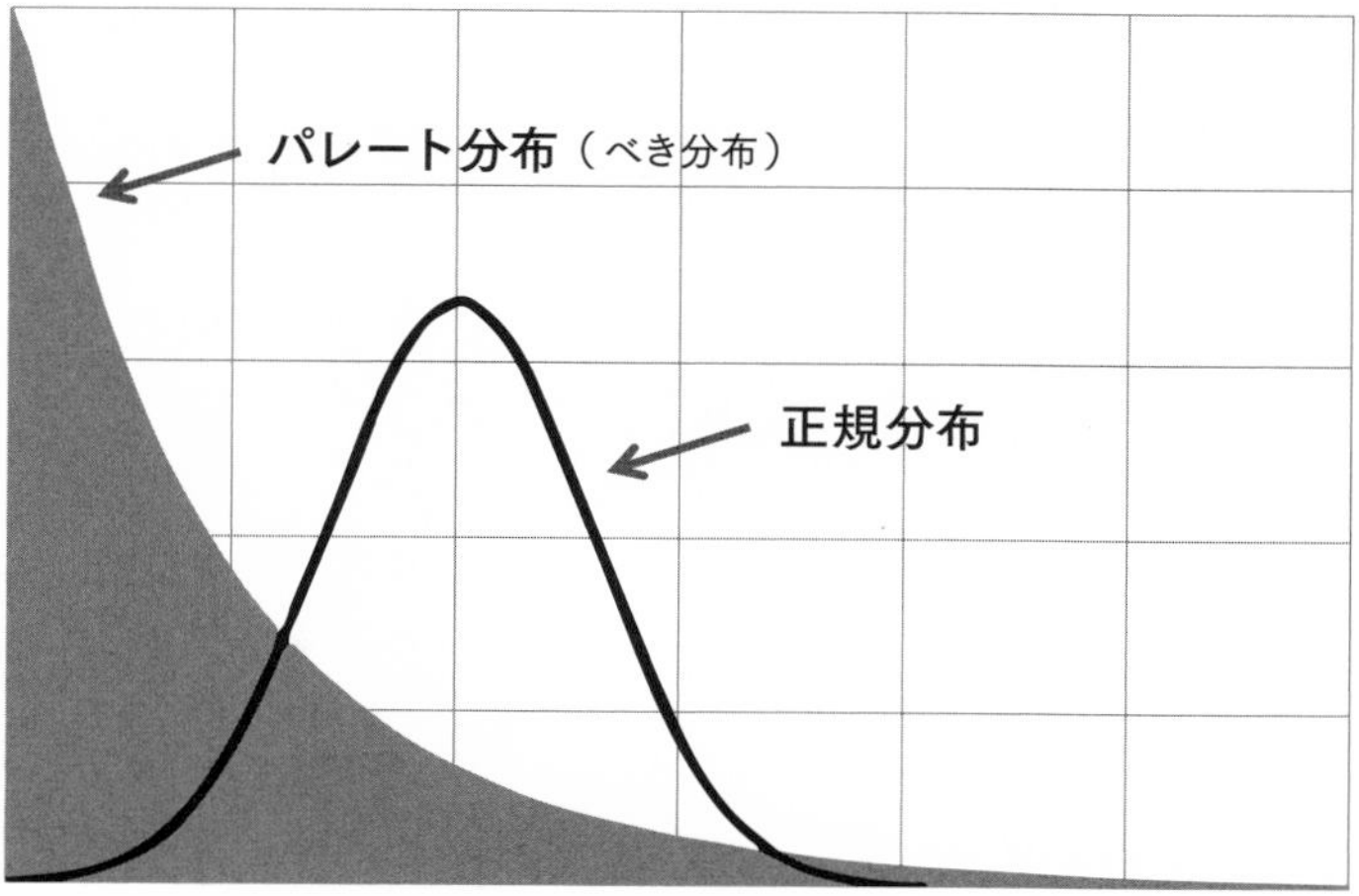

合理性が歪められている（図18）。

● そもそも、レイティングは個人のパフォーマンスを正確に示していないという疑念がある。北米の人事責任者を対象にした調査では、56％が正確かどうか疑わしいと回答している。[注15] レイティングの結果は評価者の主観に大きく依存しているのである。

レイティングがこのような問題を抱えているにも関わらず、企業は期末の評価判定に多大な労力を費やしてきました。しかし、それがパフォーマンスの向上につながっているかどうかは甚だ疑問であるため、年次評価のプロセス自体を再構築しようとしたのが、「ノーレイティング」という言葉に象徴されるパフォーマンスマネジメント変革のねらいです。

3 レイティングなしで処遇を決める方法

レイティングが、ワークエンゲージメントやパフォーマンスの向上に役立たなかったとしても、レイティングなしにどうやって処遇を決めるのかという疑問をしばしば耳にします。しかし、上述のようにレイティングの考え方自体が、事実誤認に基づいたものであるため、固定観念を払拭して考えれば、かならずしもレイティングは必要でないことがわかります。

たとえば、報酬が基本給と賞与に分かれていて、基本給が役割をベースとした等級（役割等級）に応じて決まるといった一般的なケースを想定しましょう。このケースでは等級が決まれば基本給が決まるため、肝心の等級の決定にレイティングは必要か否かが論点となります（同一等級内での昇給をどのようにして決めるかという論点もありますが、議論をシンプルにするためにここでは省略します）。

この場合、等級を決めるいちばんの判断基準は、１つ上の役割を遂行できる能力があるか、その能力を発揮できるという裏付け（エビデンス）があるかという点になります。けっして、短期業績（たとえば営業目標の達成度）が高かったから等級を上げてあげるといった、「ご褒美」的な判断にはなってはいけません。つまり、短期業績に基づくレイティングは、本来、等級決定の判断基準にすべきではないのです。

昇進・昇格はキャリア開発の通過点であるため、人材開発会議での議論の対象となります。第3章でも述べたように、人材開発会議には本人のキャリア志望も反映されます。本人のキャリア形成にとって、どのような経験を積ませることが本人にとっても会社にとっても望ましいかというリーダーたちの議論の過程で、昇進・昇格の判断が行われます。その際には、後に述べる360度フィードバックの結果や1on1で行われてきた対話の蓄積も参考にされます。レイティングに基づいたアルゴリズムで昇進・昇格が決められるよりも、しっかりとした議論をもとに決定された方が本人にとっても納得感があることでしょう。

このようなプロセスによって等級と基本給が決まれば、残るは賞与のみです。多くの会社において、賞与は短期業績に応じて支払われるため、短期業績に基づくレイティングがもっともフィットしてきた領域です。しかし、前述のようなレイティングの問題点が認識されてきた結果、賞与の決定にレイティングを用いない会社が増えています。その際には以下の2つの方法が用いられます。

1つ目の方法は、全員をレイティングしないことです。パフォーマンスがパレート分布するのであれば、全員のレイティングを決めなくても、一部のハイパフォーマー（および例外的なローパフォーマー）のみを識別すれば賞与配分を決めることが可能です。

この一部のハイパフォーマーとは、「誰もが認める人」と言えます。今期の実績や貢献を踏まえて誰もが認める人を抽出することは、全員を対象にレイティングするよりもずっと楽です。これらのハイパフォーマーに対しては、「加算的」に賞与を配分します。全員に一律で賞与を配分した後に、ハイパフォーマーに加算するという考え方です。

レイティングを用いずに賞与を決める2つ目の方法は、賞与原資を部門やより小さな単位のチームに渡してしまって、その中での貢献度に応じて配分するというやり方です。この方法は一見、乱暴に感じられるかも知れませんが、一人ひとりのメンバーの働きぶりや貢献度をもっともわかっているリーダー（リーダーたち）がストーリーを作って決めるため、結果だけを示されるよりも納得感は高められます。ただし、前提として、1on1で頻繁にフィードバックがなされていることが重要です。期中に頻繁に話しているから、期末の結果もその延長で納得されるのです。

1つ目と2つ目の組み合わせも可能です。第2章で解説したように、部門や職種が違うと成果の大きさが比較できないため、一定の大きさの組織に賞与原資を渡して、その中で賞与を加算するハイパフォーマーを選んでもらうというやり方です。この方法は一般的な日本企業でも十分に適用可能です。

4 360度フィードバックの意義：人材開発と組織開発

レイティングがなくなれば、評価の目的に占める「フィードバック」の位置づけが大きくクローズアップされます。そのため、本書でこの先、評価という言葉を用いている際、それは主にフィードバックを意味していると考えてください。

評価がフィードバックを目的とするのであれば、従来の1次評価・2次評価といった方法よりも、360度フィードバックを実施する方がはるかに合理的です。その理由は以下のとおりです。

- 従来の評価フィードバック面談で、評価者に対してどれだけフィードバックの実施を促しても、きちんと行うかどうかは評価者次第となってしまう。360度フィードバックであれば、かならず本人にフィードバックが提供される。

● 評価者が、本人の日頃の行動を十分に見ているとは限らない。仕事で接している周囲の人々の方が、フィードバックのための情報を豊富に有している。
● 評価フィードバック面談では、何をフィードバックするかという視点が評価者によって異なってしまう。360度フィードバックでは、フィードバックに必要な基準を体系的に揃えることができる。

もちろん、1on1が導入されていれば、タイムリーなフィードバックを提供することができます。ただし、1on1におけるフィードバックは、リーダーがその時に気づいた点についてのみです。それに対して360度フィードバックでは、1年に1回か2回、複数の周囲の人々から、総合的なフィードバックを得ることができます。両方を組み合わせることによって、タイムリーなフィードバックのメリットと多面的・総合的なフィードバックのメリットを享受することが可能になります。

フィードバックは成長のための贈り物であると述べましたが、360度フィードバックには、本人の成長を促すだけではなく、周囲との関係性を強化する効果もあります。

図19は実際に360度フィードバックを実施した会社で聞かれた声をピックアップした

ものですが、「他者からのフィードバックによって客観的に自分を見つめ直せた」といった、360度フィードバックの目的そのものに関する感想以外にも、「思ったよりも周りが自分を見ていてくれたと感じた」「周りから自分が何を期待されているかがわかった」といった声があげられています。

また、フィードバックを受ける本人だけでなく、フィードバックする側（アセッサー）からは、「フィードバックをするために、対象者の活動に関心を持つようになった」「言いづらい意見を気兼ねなく伝えることができた」といったように、関係性や心理的安全性の改善につながったという意見も聞かれました。つまり、360度フィードバックは、人材開発と組織開発の両方にとってのメリットを有する方法なのです。

360度フィードバックによる組織開発の重要な目的

図19｜360度フィードバックをやって良かったこと

フィードバックを受けて良かったこと	アセッサーをやって良かったこと
● 他者からのフィードバックによって客観的に自分を見つめ直せた	● フィードバックをするために、対象者の活動に関心を持つようになった
● 思ったよりも周りが自分を見ていてくれたと感じた	● 言いづらい意見を気兼ねなく伝えることができた
● 周りから自分に何が期待されているかがわかった	● バリューの実践と成果には相関があると気づいた

は、「フィードバックカルチャー」を醸成することにあります。フィードバックが豊富な組織では、変化や学習の機会が豊富に提供されます。それによって、個人が成長するだけでなく、変わること、学ぶことに対して意欲的な組織風土が強化されていくのです。

さらに、アセッサーの声として、「バリューの実践と成果には相関があると気づいた」という感想もあげられています。この会社ではOKRも導入されていますが、なぜOKRとバリューに相関があるのか、この後で解説します。

5 OKRと360度フィードバックによるバリューの浸透

360度フィードバックは本人の「行動」に対するフィードバックです。心の中で思っているだけでは他者には見えず、行動として現れてはじめて周囲からの評価が可能になります。そこで問題となるのは、どういう行動を評価の対象とするかです。

コンピテンシー評価（重要な能力特性に対する評価）も行動評価です。能力を内に秘めているだけではわからないので、それが行動として発揮されてはじめて評価の対象となるからです。実際、コンピテンシーは３６０度フィードバックの尺度としてよく用いられてきました。たとえば、マネジャーに求められるマネジメントコンピテンシーを３６０度フィードバックで測定するようなケースです。

ただ、新たなパフォーマンスマネジメントにおいては、コンピテンシーよりも「バリューの実践度」に対する評価の方がより重要です。

コンピテンシー評価では自分の能力が採点されているように感じられてしまうため、フィードバックに対する抵抗感や反発も生じやすくなります。それに対して、バリューは会社として大事にしている行動であり、従業員に大切に思ってほしい行動です。そのバリューが一人ひとりにとって大切に感じられるならば、フィードバックを自然に受け容れられるようになります。

バリュー評価を行うことのより重要な意義は、ＯＫＲとバリューの実践が強く結びついているところにあります。

図5（27ページ）で掲げたように、従来のＭＢＯは「受け身・待ちの姿勢の助長」「チャレンジ精神の阻害」「組織のサイロ化・個人の孤立化」といった問題を引き起こしていま

した。そのような組織風土をよしとする経営者はほとんどいないので、「自律的に行動してほしい」「果敢に挑戦してほしい」「チームワークを発揮してほしい」といった願いを言語化し、「バリュー」あるいは「行動指針」として掲げる企業が数多く存在します。

バリューは企業として大切にする価値観であり、重要な判断や選択を行う際の基準となります。一方、「ビジョン」は未来のありたい姿ですが、ありたい姿は現在から未来に向けて選択を続けた結果、到達する地点を意味しています。途中の岐路に選択肢があった時、どれを選ぶかは、どちらがより大切かという価値観に依存します。つまり、バリューに沿って行動した結果、行きつく先がビジョンなのです。

ビジョンにはただ、そうありたいという願いだけでなく、なぜそのビジョンを目指すのかを説明できる有意義な目的が必要です。それが「パーパス」です。パーパスなきビジョンでは、なぜそのビジョンなのかという理由に共感を得ることが困難です。まだ第1章で述べたように、「意義」（パーパス）はワークエンゲージメントにとっても重要な要素です。そのため、図20に示すようにパーパス・ビジョン・バリューはセットの関係にあり、3つをあわせたものを広義のビジョンと定義します。

ビジョンは会社の向かう方向性を指し示します。したがって、毎期の目標（OKR）の先にビジョンがあります。ビジョンに至る過程における途中のゴールを設定したものがＯＫＲであるとも言えます。従業員はＯＫＲを目標に掲げ、日々、バリューに沿って行動することによって目標達成を目指します。それはすなわち、ビジョンに向かって行動することでもあるのです。

　ＯＫＲはアンビシャスな目標であり容易には達成できませんが、達成に近づくための行動をバリューによって導きます。前述の例で述べると、「自律的に行動する」「果敢に挑戦する」「チームワークを重視する」といった、アンビシャスな目標を達成するために求め

図20｜パーパス・ビジョン・バリュー

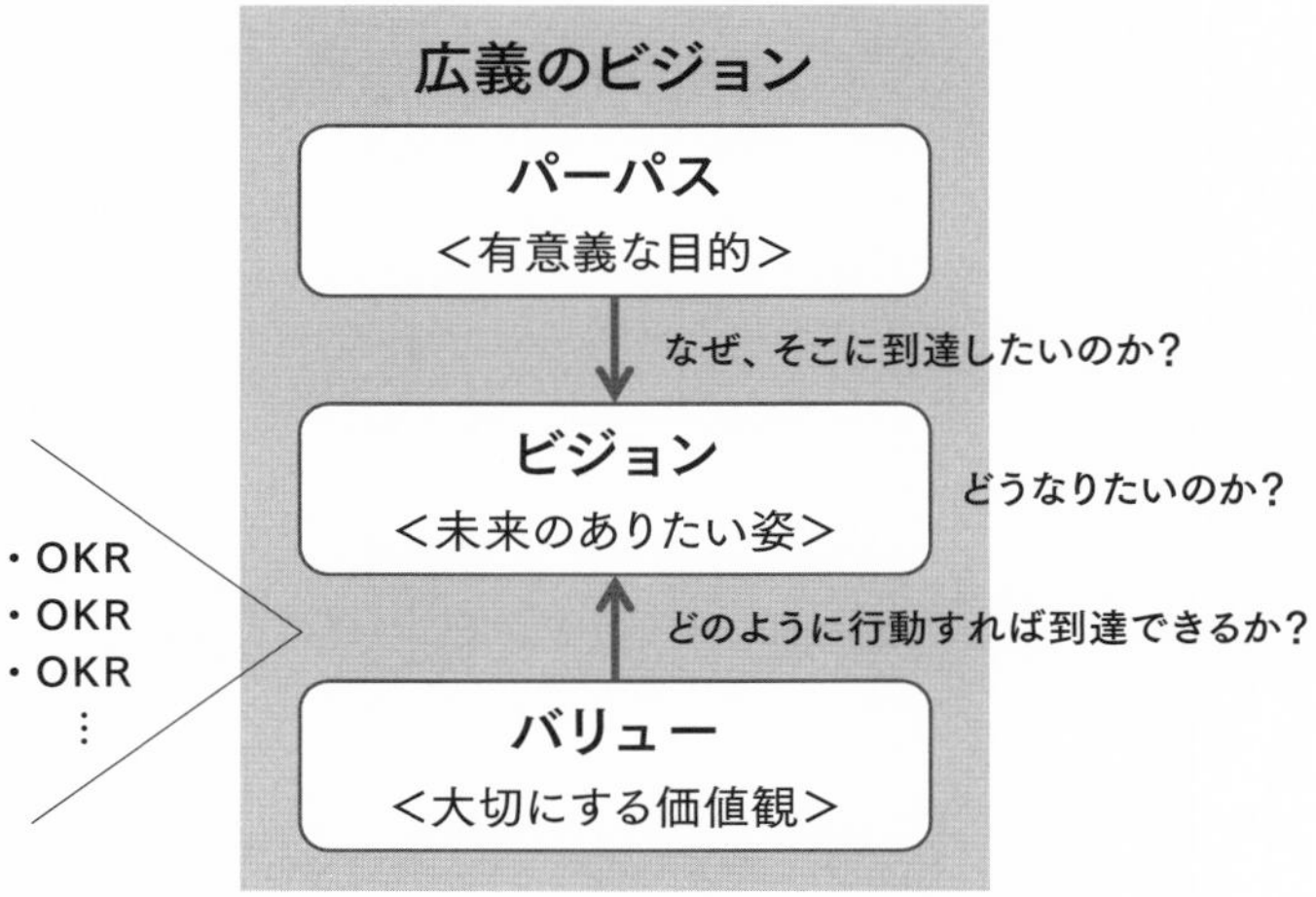

られる行動が、明確な指針として提示されていることが求められます。

しかし、バリューを言語化して共有しただけで、それが自然に浸透することはありません。バリューを組織に浸透させるためにもっとも効果的な方法は、バリューの実践度を評価基準とした360度フィードバックを導入することなのです。

360度フィードバックでは全員がフィードバックの対象者（アセッシー）となります。また、ほとんどの人がアセッサーにもなります。それによって、アセッサーもアセッシーもバリューの意味を理解しようと努め、常にバリューを意識して行動したり、他者の行動を観察したりするようになるのです。

ただし、360度フィードバックを1回実施しただけで、すぐにバリューが組織に浸透することはありません。何年もかけて継続的に実施することで、だんだんとバリューに示された行動指針が当たり前の行動になっていきます。ビジョン実現に向けて、それらの行動が大切だと一人ひとりが感じるようになると、いつの間にかバリューは組織に根付いているのです。

6 360度フィードバック導入の詳細解説

ここからは、バリューの実践度をもとに360度フィードバックを実施する際の実務的なポイントを解説します。

なお、ここでの解説は、既に何らかの経営理念や行動指針などのバリューが設定されていることを前提に行います。経営理念や行動指針が存在していたとしても、リニューアルして心機一転する必要があるケースも少なくないと思われますが、パーパス・ビジョン・バリューの作り方についての解説は本書の本論からそれるため割愛します。詳しく学びたい方は「ビジョナリー・カンパニー　ZERO」[注16]などを参照してください。

バリューの実践度に関する360度フィードバックは、一般的に次の2つのパートで構成されます。

❶バリュー評価

バリューの実践度に関する設問項目に対して、本人の自己評価とアセッサーによる他者評価が行われます。それぞれの設問に対して、4～5段階（「よく実践している」「あまり実践していない」など）で評価を実施し、他者評価の平均点と自己評価を対比したグラフ表示でレポートにします。

❷定性コメント

アセッサーがポジティブフィードバック（強みや優れている点）と改善点のフィードバックを文章で記述します。個人別のフィードバックレポートには、右記のグラフと定性コメントが記載されます。

こう書くと非常にシンプルですが、360度フィードバックを導入するためには、以下のような綿密な準備が必要となります。

①設問作り

バリューとして定義されている言葉の粒度は、会社によって異なります。抽象度の高い表現を用いている会社もあれば、具体的な行動指針として記述されている会社もあります。いずれにせよ、行動に対する評価を行うためには、日常的な観察を通じて行動評価が行えるレベルにまで設問を具体化する必要があります。

例えば、「果敢に挑戦する」というバリューがあったとします。一言で「果敢に挑戦する」といっても、そこにはいくつもの意味が含まれています。「未経験の仕事に対しても好奇心を持って踏み出す」といったように、やったことのないことでも、フットワーク軽く挑戦するという意味もあるでしょう。あるいは、「困難な課題にも粘り強く立ち向かう」といったように、難題であってもひるまずにやり遂げるまで挑戦を続けるという意味も考えられます。

単に「果敢に挑戦する」と言うだけでは、人によって解釈が異なってしまうため、その設問がどのような行動を意味しているかが正しく伝わるように表現される必要があります。

ただし、1つのバリューに込められている意味は複数存在することが一般的です。「果敢に挑戦する」には前述のどちらの意味も込められているため、この場合は2つの設問がそれぞれ設定されることになります。通常は1つのバリューに対して、3～4程度の設問を作ります。例えば、バリューの構成要素が5つあって、それぞれに3問の設問を設定した場合、合計で15問の設問ができます。合計の設問数は10数問程度が適切です。多すぎると回答の負荷もかかりますし、情報量が多くなりすぎて理解が難しくなってしまいます。

設問を検討する際にはワークショップを実施します。バリューの構成要素ごとに、「そのバリューから具体的にどのような行動をイメージするか?」「そのバリューを体現した望ましい行動とはどのような行動か?」といったような問いかけを行い、参加者が自分の意見を付箋紙に書いて、それらの付箋紙を分類して設問の材料を抽出します。

ワークショップの参加者は経営層だけで実施することもあれば、より広く従業員を巻き込むことも可能です。参加者を広げると労力はかかりますが、自分たちで設問を作ったという当事者意識が醸成され、また、バリューに対する理解を深める効果も期待できます。

②アセッサー選定

アセッサーはその期に仕事で関わりのあった人が対象になります。あくまでも仕事の場面における行動を評価するため、同期入社の友人といっただけでは対象にはなりません。アセッサーの人数は多いほど望ましいと言えます。なぜなら、その方が多くのフィードバックを得られるからです（特に定性コメント）。しかし、アセッサーの人数が多くなるほど、アセッサーの負荷が高まってしまいます。一人のアセッサーが受け持つアセッシーの人数が増えてしまうからです。また、仕事で関わった人がそれほど多くない人も存在します。そのような人は多くのアセッサーを選定することが困難です。

通常は6~8人くらいのアセッサーを目安として設定します。会社の業務形態や働き方によっても異なるので、これより少ない場合もあれば、多い場合もあります。

問題は誰がアセッサーを選ぶかです。これには以下のように何通りもの方法がありますが、会社の規模や組織の心理的安全性の程度などを勘案して、会社ごとに適切な方法を決める必要があります。

- 本人が選定する
- 本人が選定して上司が承認する（必要に応じて変更する）
- 上司（組織長）が選定する
- 会社（人事）が選定する
- 右記のミックス（半分本人・半分人事など）

もっとも簡単なのは、本人が選定する方法です。仕事で誰と関わったかは本人がいちばんわかっているからです。その次は、本人が選定して上司が承認（および修正）する方法になります。この方法で議論になるのは、本人がアセッサーに誰が含まれているかを知ることができるという点です（誰が含まれているかがわかったとしても、フィードバックレポート上は誰がどの回答をしたかは明記しません）。

フィードバックカルチャーが浸透してくると、誰がアセッサーかがわかっていても問題はなく、むしろ誰がフィードバックをくれたかわかった方が、フィードバックの意味を理解しやすいというメリットがあります。しかし、組織の心理的安全性が低い段階では、本人がアセッサーに誰が含まれるかを知っているとなると、アセッサーが過度に回答に配慮したり、具体的に記述しなかったりして、率直なフィードバックができない恐れがある、といったケースも考えられます。

③　トレーニング

３６０度フィードバックが正しく効果を生むためには事前のトレーニングが欠かせません。特にアセッサーに対する研修は必須です。アセッサーが３６０度フィードバックの意義や適切なフィードバックのやり方を心得ていないと、３６０度フィードバックが不適切な書き込みで、いわば「炎上」してしまう恐れがあります。そうなると３６０度フィードバックへの信頼が失われてしまいます。

アセッサー研修では、まず、「フィードバック・イズ・ア・ギフト」というフィードバックの意義を正しく伝えることが必要です。フィードバックは相手の成長のための贈り物であること。そのため、相手の成長のための力になることが必要で、フィードバックは自分の価値観を押し付けることではないこと。率直に伝えることが重要であるが、相手に敬意を持って、丁寧な言葉でわかりやすく伝えること、などを理解してもらいます。実際に、ポジティブフィードバックと改善点のフィードバックのコメントを書く練習をするのも効果的です。

また、必要に応じて、バリューに対する理解を深めることも必要です。バリューを題材にグループで話し合ってもらいながら、イメージを膨らませたり、疑問点を解消したりしておくと、360度フィードバックの設問の意味も理解しやすくなります。

アセッサーは自分自身もアセッシーになりますが、アセッサーをやらないアセッシーのためにもトレーニングの機会があることが望まれます。アセッシー自身もフィードバックを贈り物と理解して、オープンな気持ちで受け容れることが必要だからです。

④振り返り

360度フィードバックの実施後、本人（アセッシー）が個人向けのフィードバックレポートを受け取ります。そのフィードバック結果を踏まえて、本人が気づきを得て、自身の行動変革に活かします。

各設問の自己評価と他者評価が一致することはあり得ず、通常は図21のように4象限に散らばります。自己評価と他者評価が異なるからこそ、気づきのきっかけが得られるのです。

象限Ⅰは、自己評価と他者評価がどちらも高い設問です。自分でもよく実践できていると思い、他者からもそう見られている行動であるため、自身の強みとして自信を持ってよい行動であると言えます。自分の武器となる行動であるため、仕事の中でもっと活用できる機会がないかを考えてみるとよいでしょう。

象限Ⅱは、自己評価は高いが他者評

図21｜設問別の分布

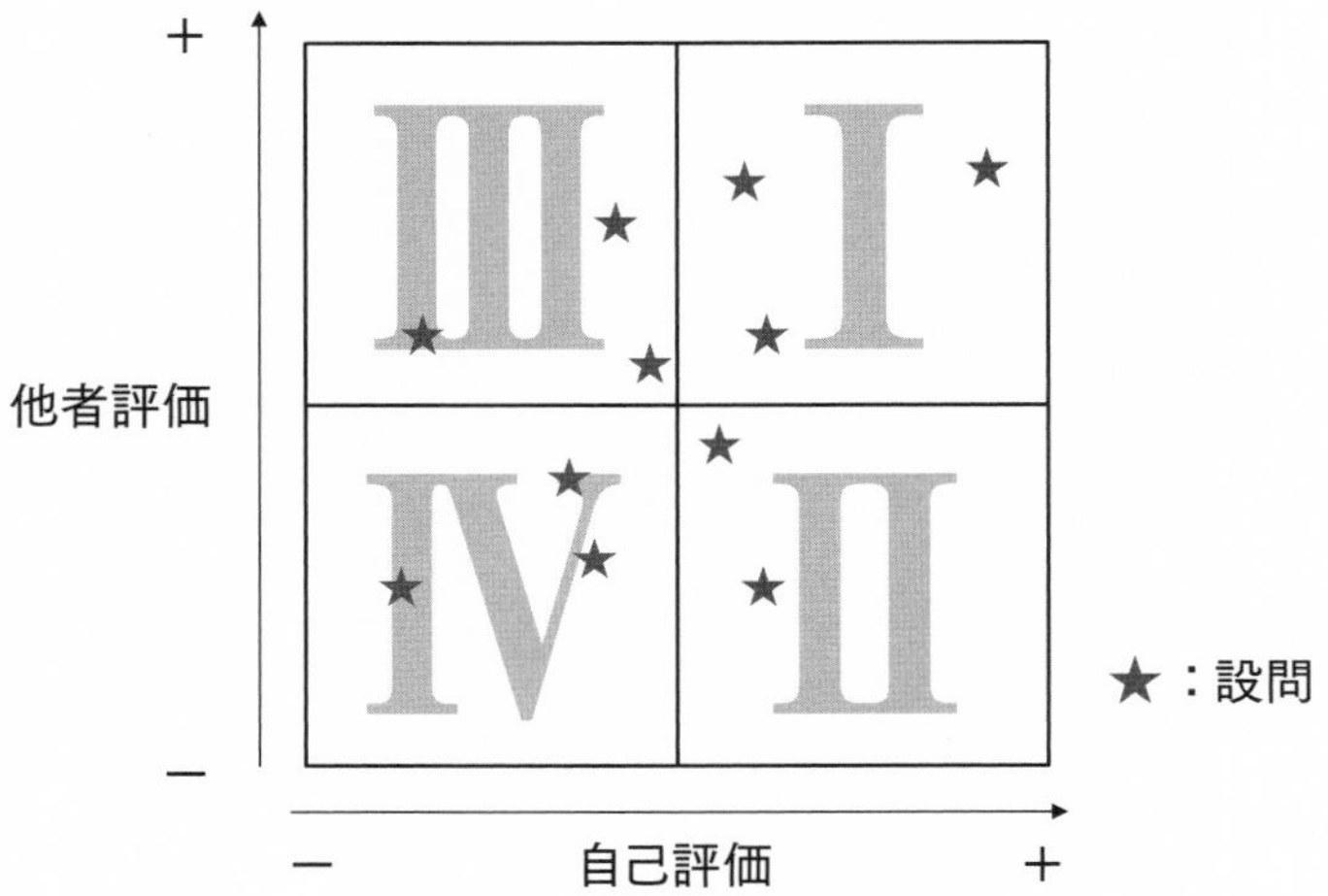

価が低い設問です。４つの象限の中で、その原因の理解がもっとも難しい設問であると言えます。自分が過信しているのか、自分の行動が周囲に見えていないのか、周囲が誤解しているのか、点数からのみでは原因がわかりません。定性コメントの改善点のフィードバックから、アセッサーの伝えたいメッセージを探ってみる必要があります。

象限Ⅲは、自己評価は低いが他者評価が高い設問です。本人にとってはポジティブサプライズと言えるでしょう。自分の行動を常にビデオに撮って再生して見ることはできないので、自分で自分のことがわかっていないのはよくあることです。この機会に、自分に見えていない強みを発見してみるとよいでしょう。

象限Ⅳは、自他ともに評価が低い設問です。本人にとって苦手な行動かも知れませんし、わかっているが後回しにしている行動かも知れません。いずれにしても、自己認識はできているので、次はそれらの行動をどう取り扱うかを決めることが必要です。

行動を変えるかどうか、どのように変えるかを決めるのは本人です。３６０度フィードバックで指摘されたことをすべて行動に反映する必要はありませんし、すべての設問項目で高得点を取ろうとする必要もありません。

図16（89ページ）で掲げたように、個人の内的動機や価値観は皆、異なります。例えば、平穏無事であることで充実感が高まる内的動機を持った人には、困難に立ち向かい続ける行動はむしろ避けたいことです。だからと言って、困難な課題に挑戦しなくてもよいというわけではないので、自分にはどのような挑戦ができるだろうか、と考えてみることが重要です。

せっかく貴重なフィードバックが得られても、レポートを見ただけでそのままにしてしまっては360度フィードバックの効果が得られません。そのため、360度フィードバックと1on1を連携させることが重要です。

360度フィードバックの結果を踏まえて、どの行動をどのように変えるかをテーマに1on1で話し合うとよいでしょう。それは強みを活かすことでも構いませんし、苦手分野を改善することでも構いません。リーダーは相談相手であり、決めるのはあくまでも本人です。年始に今年の抱負を決めるように、360度フィードバックの後の1on1で行動変革のテーマを考えるというプロセスが習慣になればよいと思います。

第5章

キャリア自律の促進

——組織の自律度を高める

column

「出産した女性社員が子育てに専念できるように、育児休業や時短勤務は長めに取れるようにした方がよいと思うか？」

２０１５年頃に、いろいろな会社の管理職研修（受講者の大半は男性）でこの質問をすると、10人中８人〜９人がＹＥＳと回答しました。女性だけが育児休業や時短勤務を長めに取るとキャリアのしわよせが行ってしまうにも関わらず、当時はまだ性別による役割分担意識が色濃く残っていました。

その後、多くの会社がダイバーシティ推進を積極的に行ったため、最近ではこのような質問をする機会はありませんが、おそらくＹＥＳと回答する人数はかなり減っていることでしょう（そう期待します）。

子どもができてもキャリア開発のスピードは落としたくないか。あるいは、少しスローダウンしてワークライフバランスを調整する時期にするか。決めるのは本人です。性別、世代、専門性、家庭事情、価値観などの違いによって、キャリアのパターンは従業員の数だけあり得ます。どのパターンであっても、それが本人にとって素晴らしいキャリアになることを会社が支援する仕組みが求められています。

1 個人主導のキャリア形成へ

日本企業における個人のキャリア形成は会社主導で決定されてきました。「メンバーシップ型雇用」という言葉で表現されるように、個人が会社のメンバーシップに入ることで、会社は個人の雇用を保証する引き換えに、キャリア形成を会社に委ねることが求められたからです。

しかし、新たなパフォーマンスマネジメントにおいて、OKRでアンビシャスな目標を立てようにも、定期異動ですぐに異動になってしまうような状況では、腰を据えたゴール設定はできなくなってしまいます。図10（45ページ）で示したように、OKRの達成に向けてがんばることが、企業の業績向上に貢献するだけでなく、自分のキャリアビジョンの実現にもつながるからこそ努力ができるのです。メンバーシップ型雇用は見直される必要がありますが、その動きは既に始まっています。

メンバーシップ型雇用は、もともと図6（30ページ）に示した年功主義の時代、組織が正のピラミッド型を維持しながら拡大していた時期に始まったものです。今日、特に伝統的な企業では、組織の形状は逆台形型になっているため、会社主導でキャリアを決めようとすると無理が生じます。全員にそれなりに満足のいくキャリア形成を保証できないからです。

組織に依存しているだけでは希望が満たされないため、個人の意識も変化してきています。ライフステージごとに仕事に集中したい時期もあれば、家庭に重きを置きたい時期もあります。スローキャリアを望む人もいれば、昔ながらの仕事人間もいます。それ以外にも専門性を追求したい人、海外志向の人、上のポジションを目指したい人など、キャリア形成のニーズは十人十色になっています。

会社主導でのキャリア決定を維持できないだけでなく、企業にはこれら多様な価値観に対応したキャリアマネジメントが求められています。それができなければ、高い意欲を維持して、継続的に働いてもらうことが困難になってきているからです。しかし、個人がキャリアの主導権を持つことは、企業にとってけっしてマイナスではありません。自分で選んだキャリアの方が、より積極的に仕事に取り組むことができるようになるからです。

1990年代から使われている「キャリア自律」という言葉には、もはや言い古された感がありますが、ようやくそれが現実味を持つ時代になってきました。新たなパフォーマンスマネジメントにおいて、OKRで自律的に目標を立て、バリューに「自律」が謳われているのであれば、キャリアマネジメントにも自律が反映されていなければ、トータルの仕組みとしてはちぐはぐなものになってしまいます。

個人主導のキャリアといっても、当然のことながら、会社の中でのキャリアに関わる判断を個人が自由に決められるわけではありません。自分が希望するオープンポジションがあったとしても、応募先が受け容れてくれるとは限りません。社内競争もあるため、個人の希望がすべて叶うわけではありません。また、ポテンシャルのある人が全員、自分のキャリアに対してアグレッシブに主張するわけでもないので、見出したり、引き上げたりする機能も不可欠です。

会社が個人のキャリアに関わる判断を行う機能は必要ですが、あくまでも個人のキャリア志望を尊重し、会社はそれを支援するというスタンスが基本になります。それを前提としたキャリアマネジメントの仕組みの構築が必要とされています。

2 人材開発会議：個に応じたキャリア開発を議論する場

会社におけるキャリア形成の多くは、人事制度や人材開発制度に基づいて行われます。昇進・昇格、部署異動、役職登用、研修への参加などがその代表です。

メンバーシップ型雇用の時代には、会社は戦略を実行する上で最適な人材ポートフォリオを作るべく、これらの意思決定を会社主導で行ってきました。今日においても会社の意思が存在することに変わりはありません。例えば、誰かを課長に登用する際、本人が課長になりたいという希望を持っていたとしても、会社としては課長にふさわしい人に務めてもらいたいと考えるのは当然のことです。

そのため、会社のニーズと個人のニーズを調整しながら、個人のキャリア形成を支援する機能が必要となります。そのための場が人材開発会議です。

先にも述べたように、評価会議が過去の一定期間における社員の業績や貢献を評価するための会議であるのに対して、人材開発会議は個人のキャリア開発や能力開発に関して「未来志向」で議論するための場です。

特定の選抜者を対象として、経営幹部候補を育成するための議論を行う会議体を設けている企業は日本においても少なくありません。その会議体のことを、アメリカでは「タレントレビュー」と呼んでいましたが、最近では「ピープルレビュー」や「ピープルディスカッション」などと称されることが多くなっています。選抜者だけではなく、全従業員を対象にするように変わってきたからです。

「ピープルレビュー」という言葉は日本では馴染みが薄いため、本書では「評価会議」の対比として「人材開発会議」という一般的な表現を用いています。

人材開発会議では、直属のリーダーがメンバー一人ひとりの人材開発シナリオに関して発表し、参加者で議論して以下の事項について決定、あるいは方向性の検討を行います。

- 昇進・昇格の可否。あるいは将来的な目途
- 部署内でのジョブアサインメントの方針
- 他部署への異動の可能性

● 研修などの能力開発機会
● 選抜候補者や後継者候補者の識別
● ローパフォーマーへの特別な対応

各メンバーに対して、右記のすべての項目を検討するのではなく、中長期的な成長イメージと短期的な人材開発方針を議論する中で、該当する項目に関する決定や方針の設定を行います。人材開発会議は年に1度か2度、開催されるのが一般的です。

人材開発会議を実施する組織の単位は、一定規模の部署（部など）で開催する会社もあれば、特定のチーム単位（課など）で、関係する他チームのマネジャーも参加して開催する会社もあります。人材開発会議には、人事担当者も参加して情報を把握したり、アドバイスを提供したりするため、実施単位が小さくなると人事の負荷が増えますが、逆に組織の人数規模が多すぎると一人ひとりに対して丁寧な議論ができないため、会社ごとに適切な実施単位を検討する必要があります。

人材開発会議に先立って、直属の上司（リーダー）がメンバー各人の人材開発レポートを作成します。図17（102ページ）でも示したように、人材開発会議の前にメンバーの自己申告に基づく1on1が行われるため、本人の自己申告の内容に加えて、リーダーの見解を記載します。

リーダーの記載内容には以下のような項目が含まれます。

- 実績・強み
- 開発課題
- 昇進・昇格に関する推薦
- 今後の開発方針（ジョブアサインメント、異動の可能性、研修参加の必要性など）

人材開発会議の場では、ファシリテーターの進行によって議論を進めます。ファシリテーターは人事担当が行っても、各部門で選定しても構いませんが、本人の成長に主眼を置いて、客観的に議論を進める場を作ることが求められます。

昇進や異動を含む議論には、先入観や利害関係が入り込みやすくなります。従来の評価会議でも同様ですが、過大評価や過小評価、特定の強みや弱みに全体が影響されるハロー効果、自分や自部署の利益を重視した意見などがしばしば紛れ込みます。リーダーのプレゼンテーションの出来栄えによっても影響を受けるでしょう。

ファシリテーターは客観的な立場で、その判断が事実（エビデンス）に基づいているか、特定の要因に偏っていないか、見落としている点はないかなど、注意を促しながら本人の成長にとって望ましい結論は何かという点に参加者の意識を向けさせる役割を果たします。

人材開発会議での結論は、昇進・昇格などの人事の決定に反映されますが、その結果については1on1の場でメンバーにフィードバックされる必要があります。その際には、人材開発会議で交わされた議論についてもしっかりと伝えることが重要です。組織のリーダーたちが何を重視しているかを理解することによって、自身の開発課題を認識できるからです。

3 ジョブポスティング：個人主導による適材適所の実現

個人主導のキャリア形成の手段として、人事異動に関してジョブポスティング（社内公募制度）を採用する企業も増えています。

自己申告や人材開発会議は、本人が自分のキャリア志望を会社に伝え、それを踏まえて会社が検討する方法でしたが、ジョブポスティングは、募集されているジョブ（オープンポジション）に対して本人が直接、応募する方法です。優秀な人材ほど、異動の希望をリーダーに伝えても引き留められる恐れがあるため、多くのケースではリーダーの承認なしに応募することが可能になっています。そのため、個人主導の色彩がより濃い制度と言えます。

募集する側からすると、外部から中途採用を行うことに加えて、社内から採用できる手段が得られることは、コスト面でも採用リスクの面でもメリットがあります。また、会社としても、従来の会社主導の異動では難しかった適材適所の異動が実現される可能性が高まります。

会社主導の異動では、本人が抜けた後の補充ができないため異動させられないといった判断が行われがちでした。また、人事の側で従業員一人ひとりの能力や、そのポジションに対する意欲の高さを把握しきれていないため、会社主導で適材適所を実現することにそもそも限界があったとも言えます。そのため、ジョブポスティングによって、募集側にも本人にとってもベストなマッチングが実現できる可能性が高まるのです。

1on1で本人のキャリア開発を支援することが必要と言いながら、リーダーを飛び越えた異動を可能にすることは制度面で矛盾が感じられるかも知れません。もちろん、リーダーと相談しながらリーダーの後押しもあって、ジョブポスティングに応募するという姿が理想ではあります。

しかし、ジョブポスティングに応募するのは、自律の表れであるとも言えます。年間に異動した人数に占めるジョブポスティングによる異動者数の比率が高まるほど、組織としての自律度が向上していると見ることができます。このように、自律を促す方法は複数存在してよいのです。

さらに副業や出戻りの制度なども組み合わせることで、会社の壁を越えた「越境人材」の活用も可能になります。そのように多様な個人が活躍する「動的な人材ポートフォリオ」は、人的資本経営における人材戦略の重要な要素と捉えられています。[注17]

ジョブポスティングに応募したからといって、かならず受け容れられるわけではありませんが、その際には本人に対するフィードバックが必要とされます。どこが折り合わなかったのか、どのようなスキルや経験が満たされれば受け容れられたのかがわかることで、次に向けたアクションを考えることができるからです。そのため、異動が叶わなかったとしても、ジョブポスティングは有益なフィードバック機会となります。

4 キャリア研修：キャリア自律を促す組織的支援

ジョブポスティングによる異動者数の比率は組織の自律度を反映すると述べましたが、そもそも自律的・主体的にキャリアを開発したいと思う人の数が少なかったら、ジョブポスティングには応募しないでしょう。そのため、ジョブポスティングの制度を作るだけでなく、キャリア自律を促進するための組織的な支援が必要となります。

キャリア自律の促進要因に関する実証研究[注18]によれば、組織として従業員のキャリア自律を支援する施策として、「上司によるキャリア支援の強化」と「キャリアカウンセリングの導入・活用、キャリア研修」が示唆されています。

1つ目の「上司によるキャリア支援の強化」は、まさしく1on1におけるキャリア開発支援に当たります。２つ目の「キャリアカウンセリングの導入・活用、キャリア研修」については、キャリアカウンセリングとキャリア研修がセットで導入されるケースが多く見られます。キャリアカウンセリングによる個別相談のためには、まず本人が自分自身のキャリアについて考えている必要があるため、本書においては従業員がキャリアについて考えるためのキャリア研修を中心に解説します。

なお、リーダーがメンバーのキャリア開発支援を行うためには、まずリーダー自身が自分のキャリア開発について真剣に考えていることが前提となります。メンバーは、キャリア自律ができていないリーダーからキャリア開発支援をしてもらいたいとは思えないからです。

前述の実証研究によれば、キャリア自律には以下の２つの要因（側面）があるとされています。

▼キャリア自律

❶心理的要因

●職業的自己イメージの明確さ

- 主体的キャリア形成意欲
- キャリアの自己責任自覚

❷行動的要因（キャリア自律行動）

- 主体的仕事行動
- キャリア開発行動
- 職場環境変化への適応行動
- ネットワーク行動

キャリア研修では、自身の将来的なキャリアビジョンを描き、意欲と自覚を高め、ビジョンに向けた行動プランを立てることを通じてキャリア自律を促します。

キャリアのあり方は十人十色です。だからといって、一人ひとりがそれぞれに考えればよいわけではなく、研修の場で他の参加者と語り合いながら、他の参加者のキャリアに対する考え方との違いにも触れることで、自身の考えを整理する方法が効果的です。他者との違いがわかるからこそ、自身のキャリアのテーマがより明確になるのです。

企業内におけるキャリア研修は、年齢的な節目で行われるのが一般的です。会社ごとの昇進タイミングや年齢構成などによって異なりますが、例えば以下のようなタイミングで自身のキャリアを考える機会を提供するとよいでしょう。

●新卒入社3～4年目頃（若手）

会社の状況や仕事の内容について一通り理解し、キャリアを考えるのに必要な情報が得られた時期。希望を広げる方向でビジョンを描く。

●30代前半～半ば（中堅）

職場の中核人材として活躍する時期。自分は何を大切にしてどこに向けてキャリアを歩みたいかを立ち止まって深く考える。

●45歳～50歳頃（シニア）

社会人人生の後半戦。キャリアだけでなくライフプランも含めて、自分の人生のシナリオを用意する。

若手と中堅期のキャリア研修において重要なことは、キャリアビジョンを描いて、それに向けたアクションを検討することです。図22に示すように、それは概ね以下のようなステップとなります。

❶自分を知る

自分は何を大切にしていきたいかという価値観につい考える。過去からの自分の心理的な変化を振り返ったり、エニアグラムなどの心理テストを活用したりしながら、自分の内面（図16：89ページ）に焦点を当てて自分自身の価値観（バリュー）を確認する。

❷環境を知る

自分を取り巻く環境（会社組織やそれを取り巻く外部環境）に目を向け、自分の外側から自分を客観視する。会

図22｜若手・中堅のキャリア研修

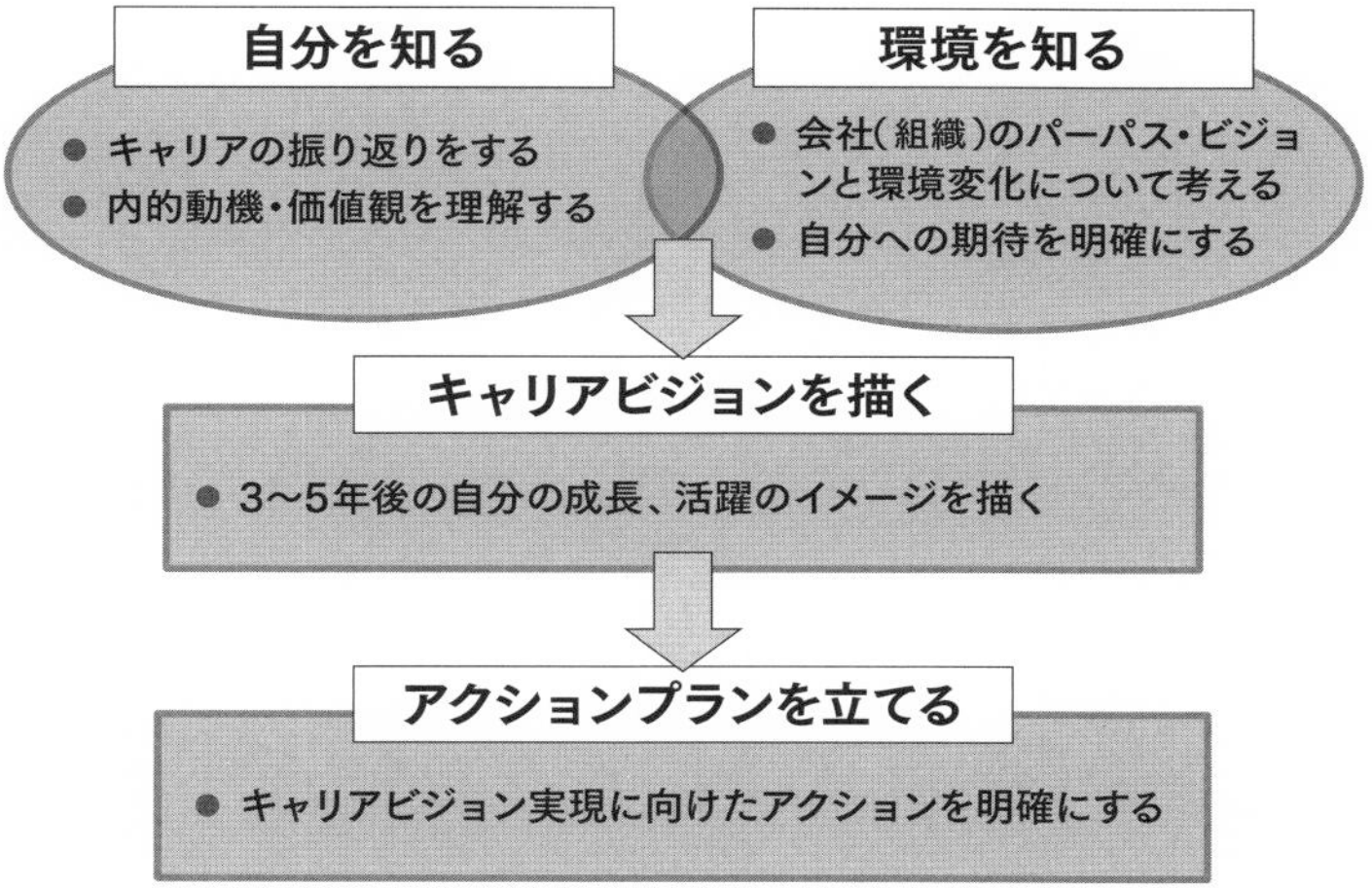

社のパーパス・ビジョンも踏まえ、期待される役割や貢献内容について考える。若手の頃は周囲からの期待といった身近な環境が中心となるが、中堅になると会社を取り巻く環境にまで視座を高めることが求められる。

❸キャリアビジョンを描く

3〜5年後のありたい姿を描く。第4章で企業のビジョンはバリューに従った選択の結果であると述べたが、それは個人のビジョンにおいても同様に当てはまる。会社や周囲からの期待を念頭に置きつつ、自分の価値観に従ったありたい姿を描く。ビジョンは端的な言葉に凝縮される必要はなく、未来の情景がイメージできる表現を抽出する。

❹アクションプランを立てる

キャリアビジョンの実現に向けた行動を明確にする。キャリアビジョン単体のアクションではなく、仕事における目標（OKR）達成の延長線上でキャリアビジョンに近づいていくことが望ましい。また、360度フィードバックや日頃の1on1でのフィードバック結果も踏まえて、自身の行動変革について考える。

キャリア研修の内容は、１ｏｎ１でリーダーにも共有されることが必要です。アクションプランに基づいた行動の結果、１ｏｎ１における経験学習支援が実施され、それを通じて次のアクションにつながっていく流れが作られることが望まれます。

シニアのキャリア研修の場合は、若手のように白地のキャンパスに自由に絵を描くというわけには行きません。シニアの場合、自分自身や家族の年齢から、将来的に起こり得るライフキャリアイベントがある程度、予見できる要因も少なくありません（自分の定年、

図23｜シニアのキャリア研修

ステップ	概要
1. ベースシナリオの作成	● 現時点でイメージしている将来のライフキャリアのシナリオを記述する
2. ドライビングフォースの洗い出し	● 将来のライフキャリアに大きな変化を起こす可能性を有する要因を洗い出す
3. ドライビングフォースの評価	● 洗い出したドライビングフォ ースを評価し、重要な要因を明確にする
4. インパクト分析	● 選択したドライビングフォ ースがベースシナリオに及ぼすインパクトを分析する。
5. シナリオの再考	● シナリオに修正を加えるとともに準備すべきアクションを明確にする。 ● シナリオの代替案を用意する。

親の介護、子どもの独立など）。それらのイベントの際に取り得る選択肢も複数存在するため、その選択によって今後のライフキャリアのシナリオが異なってきます（図23）。

リスキル（学びなおし）が求められる変化の激しい時代ですが、自分のライフキャリアのシナリオを明確にすることによって、何を何のために学びなおすのかが確認できるようになります。自分自身のシナリオを持って、それに向けて準備をすることで、自律的なライフキャリアを実現することができるようになるのです。

第6章

エンゲージメントサーベイ
——継続的改善のバロメーター

column

「組織のエンゲージメントを高めたい」

このように語る経営者の言葉を聞いたことがあります。エンゲージメントというのは個人の心理状態を指すため、「組織のエンゲージメント」という使い方は正確ではありません（もちろん、平均値等によって組織としての傾向を把握することはできます）。

この経営者がそのように述べる意図は、従業員に対して「会社の業績目標の達成に貢献する意欲を高めてもらいたい」というところにあると思われます。つまり、組織マネジメントの発想は従来のＭＢＯのままで、そこにエンゲージメントの都合のよい解釈を当てはめているのです。

エンゲージメントは個人の心の状態なので、内発的な（心の内から発する）概念です。しかし、人の心の状態は周囲の環境からさまざまな影響を受けます。外からの影響を受けるからといって、それは外発的な動機付けとは異なります。

外発的な動機付けとは、「成果目標を達成したら評価を上げてやる」といったように、動機付けを強制する方法を指しています。エンゲージメントはそのような外発的な動機付けで高められるものではないのです。

1 バズワード化する「エンゲージメント」

昨今、「エンゲージメント」という概念が注目されている背景には、人的資本経営への潮流があります。さらにその背景には、企業の株主価値に占める無形資産の割合が拡大してきているという現状があります。2020年のS&P500（米国の株価指数）の時価総額に占める無形資産の比率は90%にも達しているとの算定もあります。[注19]

企業は、株主に対して財務情報を開示していますが、財務情報が表す有形資産の価値よりも無形資産の価値の方がはるかに大きくなっているため、非財務情報の開示の必要性が国際的に強く訴えられており、いくつもの開示基準が設定されてきています。

「人的資本」は、知的資本（特許、ソフトウェアなど）、社会・関係資本（ブランド、ステークホルダーとの関係性など）とともに無形資産を構成する主要な要素であるため、人的情報開示が重要視されるようになっており、さらにその人的資本の価値を高めるための経営が求められてきているのです。

人的資本情報といっても、そこには様々な情報が含まれますが、教育などの人材育成に関する情報、採用や離職などの人材の流動性に関する情報、男女比率などのダイバーシティに関する情報などと並んで、「従業員エンゲージメント」が重視されています。従業員エンゲージメントが従業員の能力開発・発揮や人材の流動性などに直接的に影響を及ぼすことに加え、「企業価値向上へのキーファクターと見る動きが活発化している」[注20]からです。

新たなパフォーマンスマネジメントが効果的に機能しているかどうかを確認するためには、エンゲージメントサーベイによる定期的な診断が不可欠です。本章ではそのエンゲージメントサーベイについて解説しますが、その前にエンゲージメントの概念について、簡単に整理しておきたいと思います。昨今、エンゲージメントという言葉が、一種の「バズワード」（専門用語のように聞こえるが実は意味が曖昧な言葉）と化していると感じるからです。

本書の前半では、「ワークエンゲージメント」（Work Engagement）という表現を何度も用いました。なぜ、単に「エンゲージメント」と言わずに「ワークエンゲージメント」と表現したのかというと、エンゲージメント（あるいは従業員エンゲージメント）にはワークエンゲージメント以外の要素も含まれるため、ワークエンゲージメントに特定して述べる必要があったからです。

人的資本情報開示の議論でも、「従業員エンゲージメント」(Employee Engagement)という表現がしばしば用いられていますが、国際的に統一された定義があるわけではありません。ましてや、現状でもさまざまな企業で実施されているエンゲージメントサーベイにおいては、使う人によって言葉の意味合いがかなり異なっており、エンゲージメントを測定していないにも関わらず、エンゲージメントサーベイと銘打っているケースも多々見られます。

「ワークエンゲージメント」はユトレヒト大学のウィルマー・B・シャウフェリ教授らによって提唱された概念であり、その定義は明確です(学術的な用語では「ワーク・エンゲイジメント」と表記されますが、本書では「従業員エンゲージメント」と表現を統一するため、「ワークエンゲージメント」という表記を用いています)。

「ワーク・エンゲイジメントは、仕事に関連するポジティブで充実した心理状態であり、活力、熱意、没頭によって特徴づけられる。特定の対象、出来事、個人、行動などに向けられた一時的な状態ではなく、仕事に向けられた持続的かつ全般的な感情と認知である」

（「新版ワーク・エンゲイジメント[注1]」より抜粋）

ワークエンゲージメントは、「活力」「熱意」「没頭」という言葉に集約される充実感を有している、働く個人の心理状態を指しています。

それに対して、「従業員エンゲージメント」は「従業員が企業全体、上司、仕事の中身など働く場面にある諸対象に、どれだけ強い関与や思い入れをもっているかの指標として現在使われている[注21]」と解説されるように、対仕事だけでなく、会社を含むより広範な対象に向けられた「愛着」や「思い入れ」の強さを意味しています。

会社や組織に対する思い入れの強さは、古くからある「組織コミットメント」という概念と同様です。組織コミットメントとは、「組織の目標・規範・価値観の受け容れ、組織のために働きたいとする積極的意欲、組織に留まりたいという強い願望によって特徴づけられる情緒的な愛着[注22]」と定義されています。

多くの経営者は従業員に対して、「会社に愛着を持って働き続けてほしい」「組織に対する貢献意欲を高めてほしい」と願っていますが、それは組織コミットメントを指しています。

エンゲージメントサーベイにおいては、ワークエンゲージメントと組織コミットメントの両方を測定する必要があるため、本書では「従業員エンゲージメント＝ワークエンゲージメント＋組織コミットメント」と定義します。以下で「エンゲージメント」と表記する際には、従業員エンゲージメントを指しています。

2 エンゲージメントサーベイの必須要件

エンゲージメントサーベイの結果は単に人的資本情報として開示するために用いられるものではなく、従業員のエンゲージメント向上に向けた継続的改善を推進するためのバロメーターとして利用される必要があります（図24）。

つまり、エンゲージメントサーベイは主に以下の2つの目的を有していると言えます。

▼エンゲージメントサーベイの利用目的

● エンゲージメントの現状を把握することで、改善のための打ち手を明確にすること

●エンゲージメントを指標として、変革施策を実施した効果を検証すること

このような用途を可能にするために、エンゲージメントサーベイは以下の要件を満たしている必要があります。

●エンゲージメントを測定すること

多くの企業において、これまでにも従業員満足度調査（ES調査）や組織診断サーベイが行われてきました。それらのサーベイでも組織の課題は把握できるため、改善策の検討や効果の検

図24｜エンゲージメントサーベイの活用方法

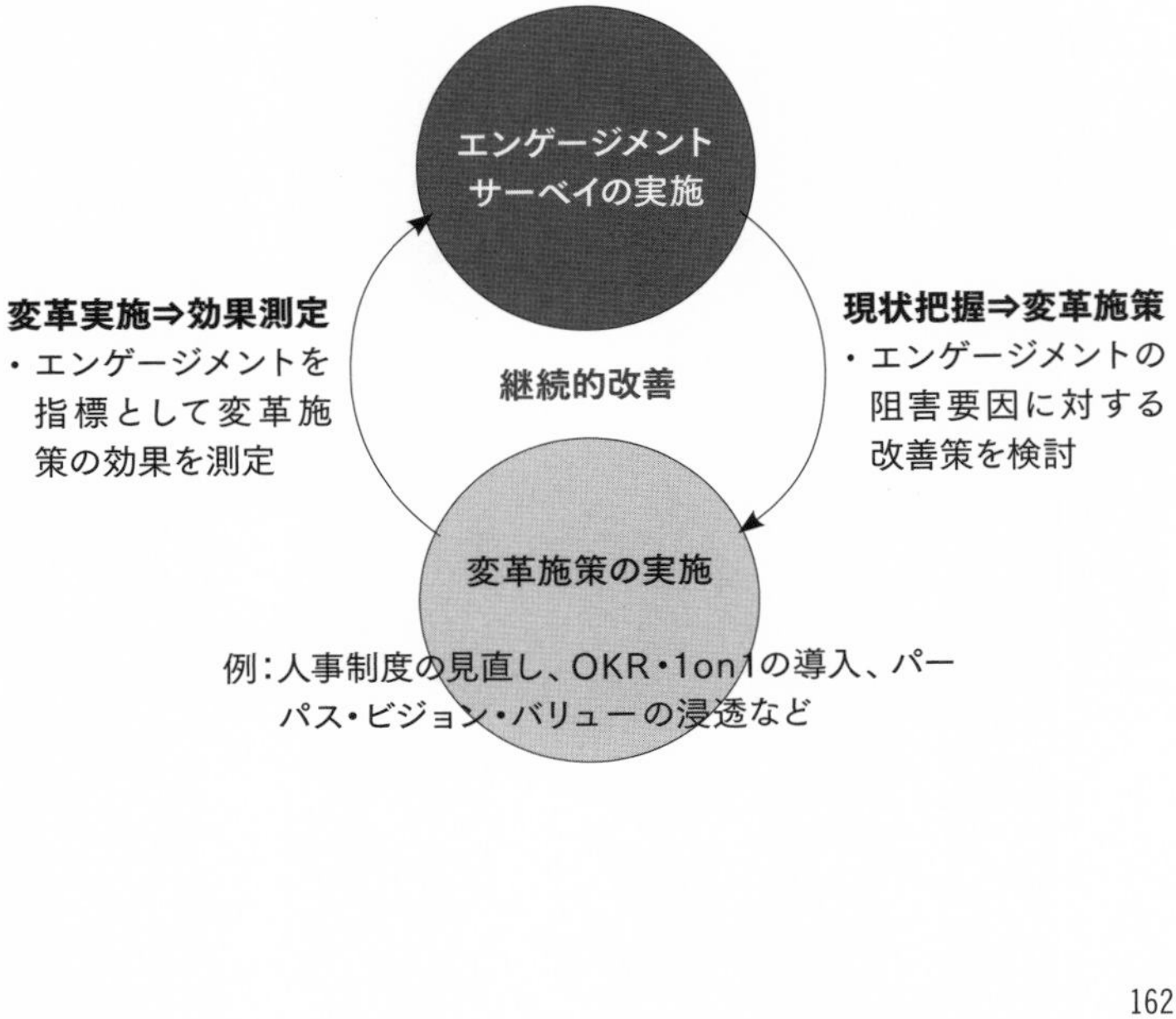

証に用いることは可能です。しかし、それらの改善策によってエンゲージメントが高められている保証はない（検証できない）ため、エンゲージメントサーベイにおいては、従業員のエンゲージメントを確認するための設問を含んでいる必要があります。

● エンゲージメントに影響を及ぼす要因を測定すること

エンゲージメント向上に向けた施策を検討するためには、エンゲージメントの値の高低や変化だけでなく、それに影響を及ぼす要因が把握されなければなりません。エンゲージメントサーベイを行う度に、ヒアリングをして原因分析を行うといった労力をかけることは現実的ではないため、一度のサーベイで原因分析までできる尺度を含んでいることが望まれます。そのためには、エンゲージメントに影響を及ぼす尺度が事前に把握されている必要があります。

● エンゲージメント向上によるアウトカム（結果）を測定すること

エンゲージメント向上による効果として、パフォーマンス（業績）の向上や離職率の低下といった成果につながることが期待されますが、そのような成果が現れるのには時間差があったり、他の要因も関連したりするため、成果に結びつく、従業員の「意識や行動の変化」が生じているかどうかを把握することによって効果検証が可能になります。そのためには、成果につながる意識や行動を尺度として含めておくことが必要です。

右記のようなエンゲージメントの要因からアウトカムまでを含む尺度の因果関係に関して、企業ごとに自社で検討するのは容易ではありませんが、既に学術的に検証されたモデルが存在しています。その代表がワークエンゲージメントの研究に基づく、「仕事の要求度－資源モデル（J－DRモデル）」です（図25）。このモデルは上段の「健康障害プロセス」と下段の「動機付けプロセス」の2つのプロセスによって構成されていますが、エンゲージメントサーベイに主に関係するのは下段の「動機付けプロセス」です。

このモデルによるとワークエンゲージメントに影響を及ぼすのは、「個人の資源」と「仕事の資源」です。「資源」というのは少しわかりにくい言葉かも知れませんが、要するに「燃料」であり「エネルギー源」です。ワークエンゲージメントを高めるためのエネルギー源と捉えると理解しやすいと思います。

「個人の資源」というのは、個人の内的な心理状態であり、その代表が「自己効力感」です。自己効力感は、自分ならできると自分の可能性を信じられる心理状態を指しています。第3章において、1on1におけるリーダーからの「承認」が、メンバーの「自己肯定感」を高めることについて解説しましたが、「個人の資源」はリーダーによるサポートなどの「仕事の資源」によって影響されるため、エンゲージメントサーベイでは「仕事の資源」の方に焦点を当てます。

つまり、エンゲージメントサーベイにおける因果関係のモデルは、「仕事の資源⇒ワークエンゲージメント⇒アウトカム」とシンプルに表現すること

図25｜仕事の要求度―資源モデル(J-DRモデル)

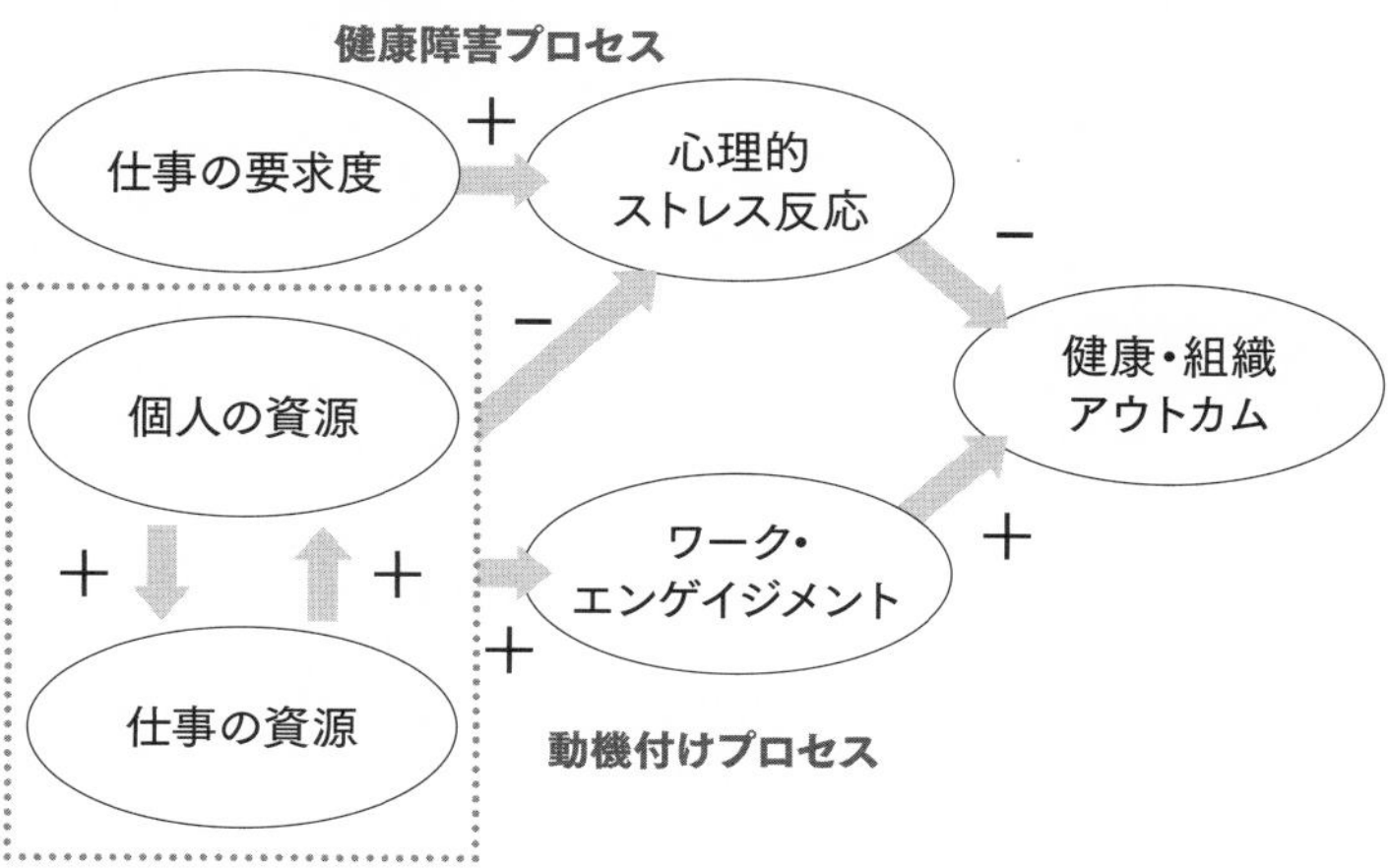

出所:「新版 ワーク・エンゲイジメント」(注1)P62より

ができるのです。

仕事の資源に含まれる尺度と設問は、一般に公開されている「新職業性ストレス簡易調査票[注23]」に詳しく記載されています。この調査票は「仕事の要求度−資源モデル」をベースに、日本国内で実施された調査研究に基づき、学術的に検証されたものです。

新職業性ストレス簡易調査票には、健康障害プロセスが含まれているため「ストレス」が強調された名称になっていますが、動機付けプロセスも含まれており、特に仕事の資源に関しては以下のように3分類されているので、要因分析が行いやすい構成になっています。

▼仕事の資源の分類と尺度

● 作業レベル

仕事のコントロール、仕事の意義、役割明確さ、成長の機会

● 部署レベル

上司の支援、同僚の支援、経済地位／尊重／安定報酬、上司のリーダーシップ、上司の公正な態度、ほめてもらえる職場、失敗を認める職場

● 事業場レベル

経営層との信頼関係、変化への対応、個人の尊重、公正な人事評価、キャリア形成、ワーク・セルフ・バランス

「作業レベル」の資源は、仕事そのものによる動機付けです。「部署レベル」の資源は職場の上司や仲間、雰囲気などによる動機付けです。「事業場レベル」の資源は、会社の制度や風土による動機付けを意味しています。

新職業性ストレス簡易調査票は誰でも無料で利用できますが、ワークエンゲージメントが中心なので、組織コミットメントの尺度は含まれていませ

図26｜従業員エンゲージメントの概念モデル

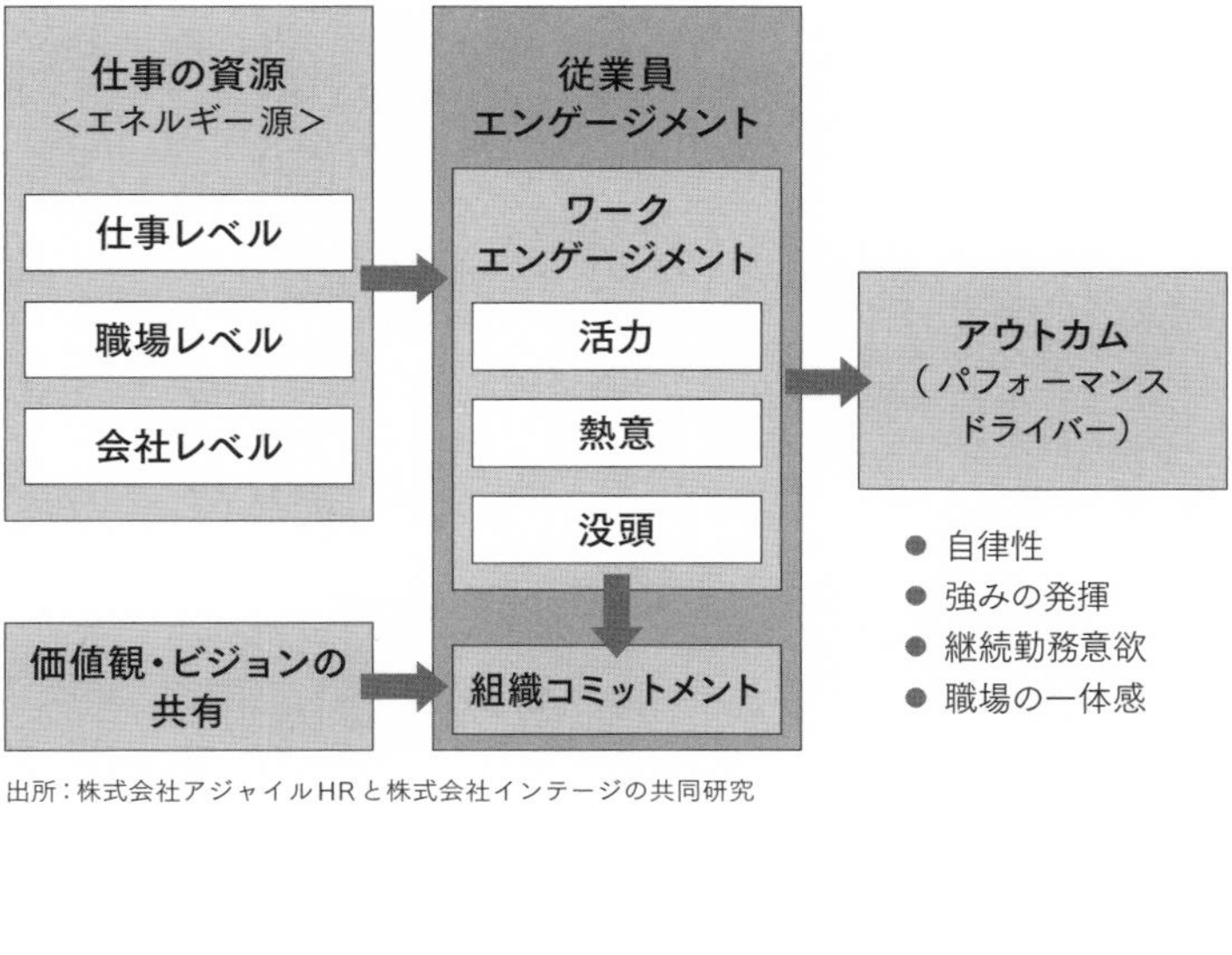

出所：株式会社アジャイルHRと株式会社インテージの共同研究

ん。また、もともと「健康いきいき職場」づくりをテーマに作られているため、ビジネス面でのアウトカムがやや不足している面もあります。

そのような点を補って、株式会社アジャイルＨＲと株式会社インテージが共同で開発した概念モデルを図26に掲げます。新職業性ストレス簡易調査票の他、組織コミットメントやアウトカムなどに関するこれまでの学術研究をベースに、実証調査の結果、30数問の設問で本モデルに基づく分析が可能になっています。

本モデルに関して1点補足すると、図に示されているように、「ワークエンゲージメント⇒組織コミットメント」という因果関係が見られます。つまり、経営者が従業員に組織コミットメントを高めてほしいと願うのなら、まず、ワークエンゲージメントを高める努力をする必要があるということがわかります。

3 エンゲージメントを高める方法

従業員エンゲージメントを高めるためには、会社としてのアクションと現場におけるアクションの両方が求められます。また、エンゲージメントサーベイを実施した結果の分析とアクションの検討の順番としては、まず全社レベルで検討して、その結果と方向性を示した上で、現場レベルでの分析とアクションの検討を実施するのがスムーズです。

なお、エンゲージメントサーベイを記名式で実施して、エンゲージメントの低い個人（あるいは高い個人）への個別対応を行う会社もありますが、記名式にすることで素直な回答が得られずに結果の数値の信頼性が低下してしまう恐れがあるため、無記名で実施することの方が一般的です。

①会社としての変革施策

会社として打つべき変革施策は、本書においてこれまでに述べてきたパフォーマンスマネジメントとキャリアマネジメントの施策の導入や、導入された施策を機能させるための改善施策が中心となります（図27）。

●仕事レベルの動機付けが不足している場合

メンバーが仕事において楽しみや意義を感じられるように、1on1を通じて継続的に支援

図27｜会社としての変革施策

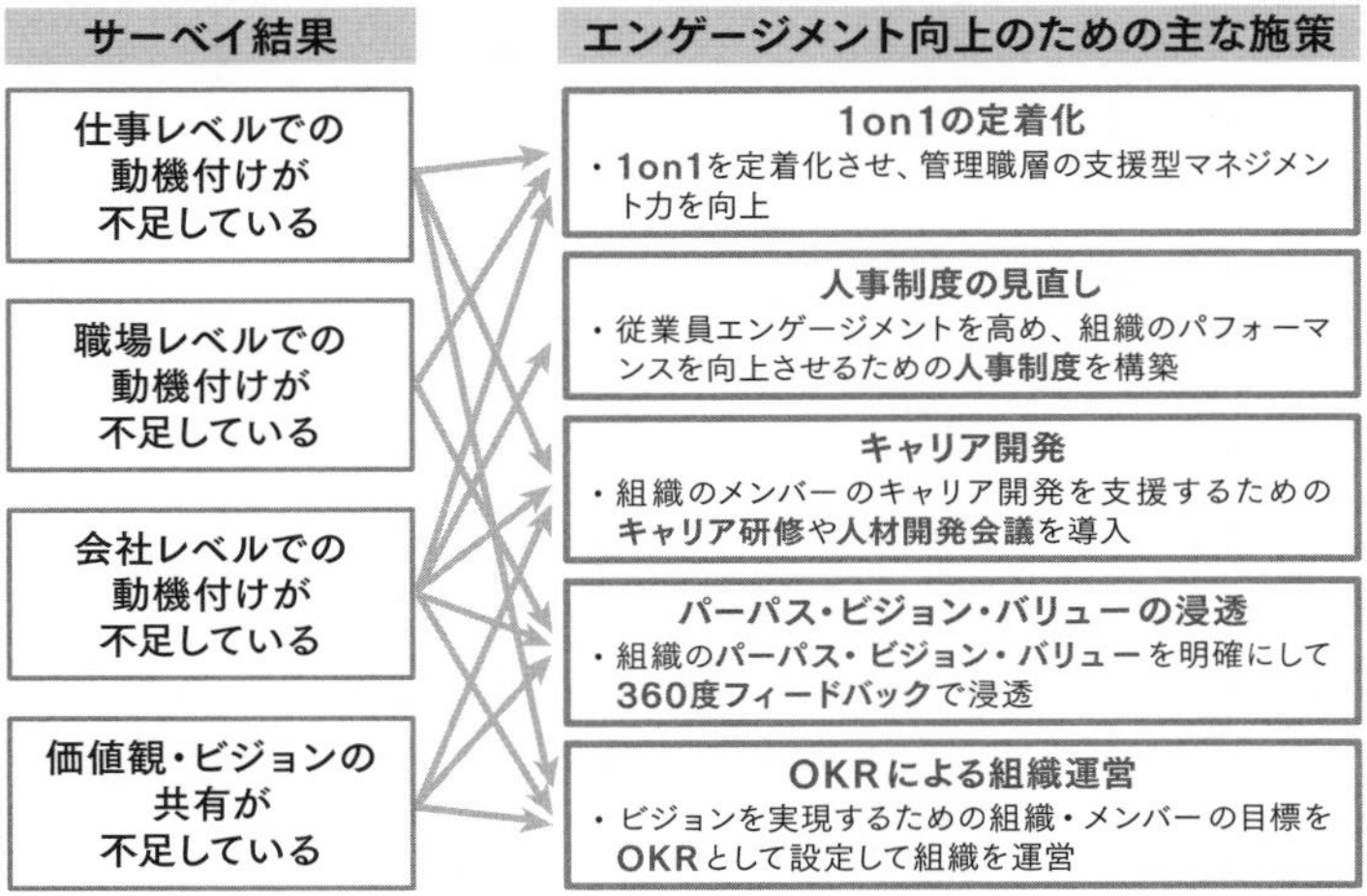

サーベイ結果
仕事レベルでの動機付けが不足している
職場レベルでの動機付けが不足している
会社レベルでの動機付けが不足している
価値観・ビジョンの共有が不足している
エンゲージメント向上のための主な施策
1on1の定着化
・1on1を定着化させ、管理職層の支援型マネジメント力を向上
人事制度の見直し
・従業員エンゲージメントを高め、組織のパフォーマンスを向上させるための人事制度を構築
キャリア開発
・組織のメンバーのキャリア開発を支援するためのキャリア研修や人材開発会議を導入
パーパス・ビジョン・バリューの浸透
・組織のパーパス・ビジョン・バリューを明確にして360度フィードバックで浸透
OKRによる組織運営
・ビジョンを実現するための組織・メンバーの目標をOKRとして設定して組織を運営

が提供される環境づくりが必要です。ＯＫＲを組み合わせることによって、自律的な仕事への取り組みが促進されます。また、キャリア研修によって、自分自身で仕事の意味付けを確認できるようにすることも効果的でしょう。

●職場レベルの動機付けが不足している場合

１ｏｎ１を通じてリーダーと気兼ねなく話すことができる心理的安全性が醸成され、リーダーに承認される環境が必要です。３６０度フィードバックによって周囲から豊富なフィードバックが得られることも動機付けとなるでしょう。

●会社レベルの動機付けが不足している場合

会社レベルの動機付けが不足している場合は、すべての施策が対象となり得ます。ＭＢＯによる上意下達の管理や、人事評価による強制的なレイティングがスコアを下げる原因になっている可能性もあるため、人事制度の見直しも検討のスコープに入ってきます。

●価値観・ビジョンの共有が不足している場合

会社のパーパス・ビジョン・バリューの明確化と浸透のための施策（ＯＫＲや３６０度フィードバック）の検討が必要です。キャリア研修において、会社のビジョンと個人のビジョンを重ね合わせて考えることも、会社の価値観・ビジョンを自分事として捉える上で効果的でしょう。

既に、これらの変革施策が導入されている場合は、各施策が狙いどおりに機能しているかどうかを点検することが必要です。例えば、エンゲージメントサーベイに合わせて、「１ｏｎ１の役立ち度」を設問に加えることで、「１ｏｎ１が役立っていると回答する人が少ない部署はエンゲージメントも低い」（あるいはその逆）といった分析が可能になります。

②現場におけるアクション

会社レベルの動機付けの不足は会社の問題であって現場の問題ではないと考えられがちですが、かならずしもそうではありません。会社レベルで施策が実施されていても、現場による運用の如何によってエンゲージメントサーベイのスコアには差が出ます。そのため、エンゲージメントサーベイの結果を各部署に戻して、現場での話し合いの機会を創ることが効果的です。

これは「サーベイフィードバック」と呼ばれる組織開発の手法に当たります。サーベイ結果をもとにチームで対話を行い、アクションについて話し合うことによって、自分たちでチームを良くしようとする機運を高めます。

フィードバックミーティングは論理的な問題解決の場ではなく、参加者それぞれの捉え方を共有することを通じて、改善に向けたアイデアを探る対話の場としてセッティングされる必要があります。その際のミーティングの進め方については、事務局で簡単な手引きを作成して配布しておくことが望まれます。フィードバックミーティングの進め方については、「サーベイフィードバック入門」[注24]などを参考にされるとよいでしょう。

また、「仕事の資源」に関する設問の多くは、リーダーのマネジメント行動のあり方に依存しています。このことから、エンゲージメントサーベイの結果は、リーダーに対するフィードバックとも言えるのです。360度フィードバックがそうであったように、リーダーはエンゲージメントサーベイのフィードバックから、どのような行動を起こすかを考える必要があります。その行動には、強みをさらに活かす行動と、課題を改善するための行動のどちらも含まれます。

エンゲージメントサーベイの結果と照らし合わせて、リーダーが自身の行動変革について考える際、以下の10項目が参考になります。これらは、エンゲージメントを高める上で重要となるリーダーの行動（マネジメントコンピテンシー）に関して、株式会社アジャイルＨＲと東京大学の共同研究[注25]によって開発された調査票とアドバイスコメント集に基づいています。

▼エンゲージメントを高めるマネジメントコンピテンシーとアクション例

●理念と目標の浸透

組織の使命、方針、価値観をチームの目標に反映させて、メンバーに浸透させる行動

（例）チームに目標を説明する時には、組織のパーパスやビジョンとのつながりをわかりやすく説明する。

●計画的なチーム運営

メンバーに目標を伝え、チームとしての計画を立て、状況を管理する行動

(例)定期的なミーティングの中では、チームメンバーからの報告や相談を受けた後に、これまでの経過や今後の見通しに対してリーダーからフィードバックする。

●迅速な問題解決

問題が起きたらすぐに対応することで迅速に処理することを心掛ける行動

(例)このチームでは、問題に気づいた時には早く相談や報告をすることを重視していると明言する。

●心理的安全性の醸成

メンバーに言いたいことを言える雰囲気をつくり、意見を促し、傾聴することを心掛ける行動

(例)チームメンバーが意見やアイデアを出した時には、どんな内容であったとしても、発言したこと自体に対して感謝の気持ちを表現する。

●コンフリクトマネジメント

メンバーどうしが助け合う雰囲気を創り、対立やトラブルが起こった場合に対応

する行動

（例）チーム内で人間関係の問題が起きた時には、自分が責任を持って対応することを明言する。

●公正な態度（多様性の尊重）

どのメンバーも同じように大切に扱い、陰口を言ったりせず、誠実に対応する行動

（例）チームメンバーに対応する時には、他のメンバーに対しても同様の対応を取るかを自分の中で確認して、公正性を保つことを心掛ける。

●親しみやすい態度

職場で笑顔でいたり、笑顔で挨拶したりすることを心掛ける行動

（例）メンバーが話しかけてきたり、電話やオンライン会議などで話す機会がある時には、にこやかに対応する。

●積極的コミュニケーション

日常的にメンバーに声をかけ、積極的に会話をするよう心掛ける行動

（例）チームメンバーの行動を日常的に観察して、良い点も改善点もタイムリーに

フィードバックする。

● 組織の資源の活用

必要な場合には、他の管理職や人事などに相談して、助言を求める行動

（例）チームメンバーが部署外の支援を必要としている時には、積極的に間を取り持ったり仲介したりして支援する。

● ワークライフバランス支援

メンバーの仕事外の生活にも関心を持ち、チームが仕事と個人生活のバランスをとれるように配慮する行動

（例）チームメンバーが仕事のやり方や手順を決められるなど、裁量度を高められるような体制を整えることで、メンバーのワークライフバランスを支援する。

第7章

変革マネジメントによる組織開発

column

「保守的で挑戦しない風土を変えたい」

これはどこか特定の会社の話ではなく、非常に多くの会社で共通して聞かれる声です。変化の激しい時代なので、会社は違えど、課題は同じなのでしょう。

組織の風土を変えるためには、組織メンバーの行動様式が変わる必要があります。どのように行動様式を変えて行きたいかは、各社が定義するバリューや行動指針に示されています。ちなみに、複数の会社のバリューや行動指針に含まれている頻出ワードを抽出してみると、「自律」「挑戦（チャレンジ）」「チーム」といった単語が上位に現れます。

したがって目指す姿は、一人ひとりが仕事において自律的に挑戦している状態。さらに、チームとして連携して成果をあげている状態を実現することにあります。問題は、どのような道筋を辿れば、現状から目指す姿に到達することができるかという点にあります。

個別の制度や施策を検討して導入するだけでは、目指す姿に到達することが困難です。経営と人事は視点を上げて、変革の旅路（チェンジジャーニー）を描くことに挑戦する必要があります。

1 組織開発のための絶好の機会

本書ではOKRや1on1などの個別の手法に関する解説を行ってきましたが、それらは組織全体のシステムの部分に過ぎません。部分だけを変えても、組織全体のシステムに関わる根本的な問題の解決は難しいため、部分の変革も息切れを起こして、長続きしなくなってしまう恐れがあります。

そのため、パフォーマンスマネジメントやキャリアマネジメントといった、マネジメントプロセス全体を視野に入れた変革が求められます（ここでいう「プロセス」とは、単にルールや手順を指すのではなく、人々の意識や関係性なども含めたマネジメントのあり方全般を指しています）。

マネジメントプロセス全体の変革は一筋縄では行きません。変革のスコープが広く、難易度も高まるためです。しかし、見方を変えれば、それは大きなチャンスでもあります。

この変革の過程で、組織のメンバーに対して何度も働きかけ、変革に巻き込んでいくことができるからです。

本書で述べてきたＯＫＲ、１ｏｎ１、３６０度フィードバック等の仕組みは、制度を設計して導入すれば自動的に効果が現れるものではありません。これらは新しい概念や手法であるため、事前の理解やトレーニングがなければ、初っ端からつまずいてしまいます。そのため、仕組みを１つ導入するごとに、十分な学習や事前体験の機会を提供することが必要とされますが、その機会自体が貴重な組織開発の場となるのです。

従業員の行動様式を変えよう、組織の風土を変えようと経営者が訴えても、掛け声だけではまず変わりません。風土変革のためのワークショップやオフサイトミーティングなどにも意味はありますが、全社レベルで日常的に行動が変わるところまで持っていくにはたいへん時間がかかります。それに対して、マネジメントプロセスの変革は、全社的な制度の枠組みとして導入されるため、そこには全員が日常的に関わっていくことになります。したがって、そのチャンスを組織開発に活かさない手はありません。

むしろ、制度の導入以上に、その前後における働きかけがより重要であると言っても過言ではありません。変革は制度の導入によって始まるのではなく、制度の導入前から始まるのです。制度の企画者は、制度を設計するだけではなく、導入前後における組織開発施策を企画して推進する必要があります。新たなパフォーマンスマネジメントの制度はシンプルなものであるため、むしろ組織開発施策の方に力を入れることが求められます。

また、すべての制度を同時に導入するのは現場の負担が大きいため、通常は段階的に導入され、それぞれの段階ごとに働きかけが繰り返されます。各々の制度の内容は異なっていても、基本的なマネジメント思想は一貫しているため、組織のメンバーは繰り返し、自身のマインドと行動の変革や、他者

図28｜効果創出のイメージ

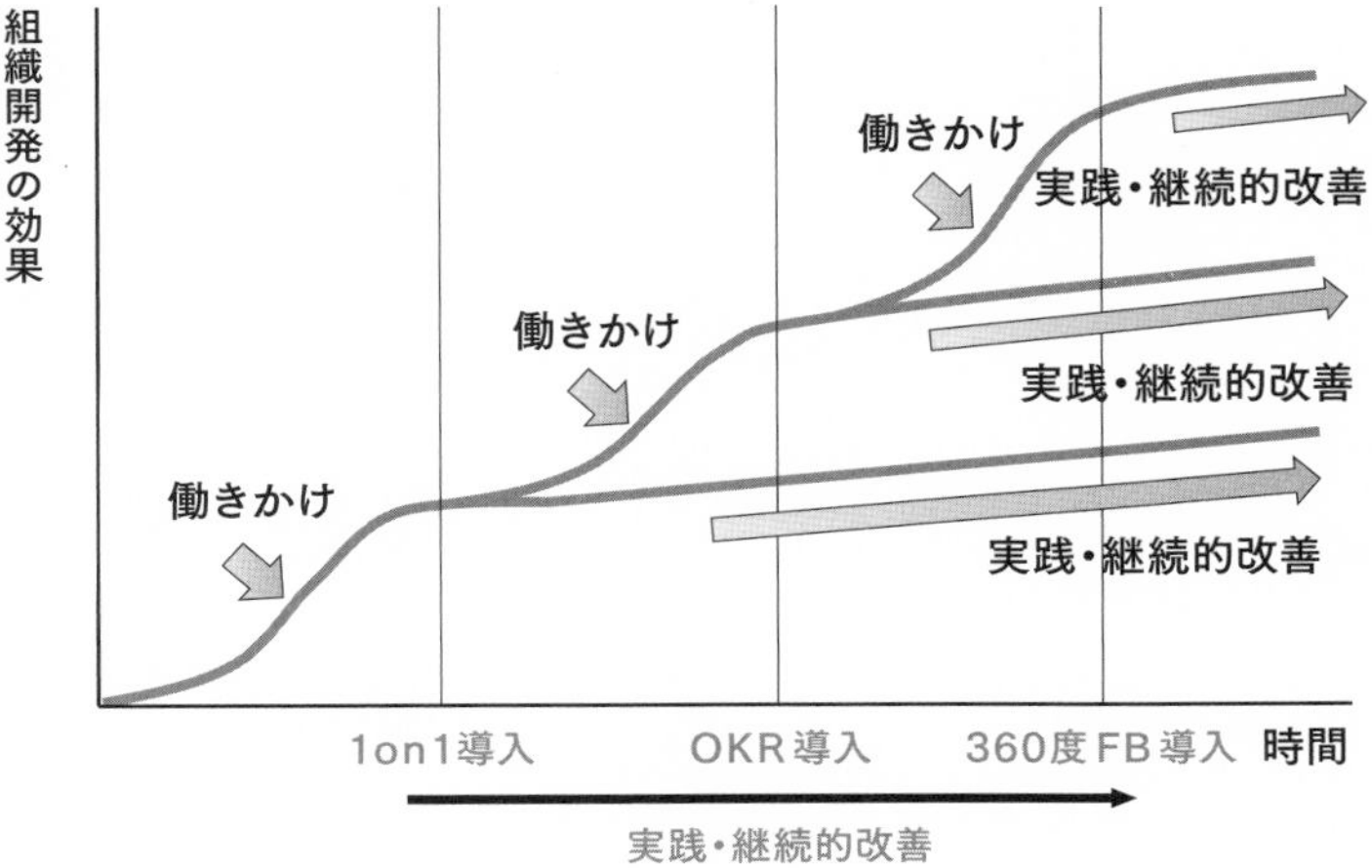

とのコミュニケーションの変革に取り組むことになります。その結果、組織開発の効果は図28のように重層的に現れてくるのです。

2 変革マネジメントのフレームワーク

今日の組織に起こっている問題点について、第1章（図5：27ページ）で解説しました。再掲すると、「受け身や待ちの姿勢」「チャレンジ精神の不足」「組織のサイロ化、個人の孤立化」「心理的安全性の低下」「働きがいの減退」といった問題です。

これらの日本企業における現代的課題のほとんどは「プロセス・ロス」に当てはまると指摘されています。[注26] プロセス・ロスとは、人と人とが関わるヒューマンプロセスが正常に機能していないことによる生産性の低下を意味しています。

このプロセス・ロスを解消するだけでなく、組織内で相乗効果を引き起こして、「プロセス・ゲイン」を生み出すことが変革の目指すところです。そして、「プロセス・ゲイン」

を生み出すには、多様な個人が内発的に動機づけられ、自律的にチャレンジしながらも、人と人、組織と組織のオープンなコラボレーションが活発に行われる状態が実現される必要があります。

そのような姿を目指して、組織のメンバーが行動様式を変え、組織風土に浸透するまでの変革マネジメントが求められます（図29）。そのための取り組みにおいては、図の横軸に掲げるような組織のソフト面とハード面の双方へのアプローチが必要とされます。

図の縦軸は変革実行の主体です。経営層が策定した変革施策をただ受け容れるのではなく、ミドル層、メンバー

図29｜変革マネジメントのシナリオ

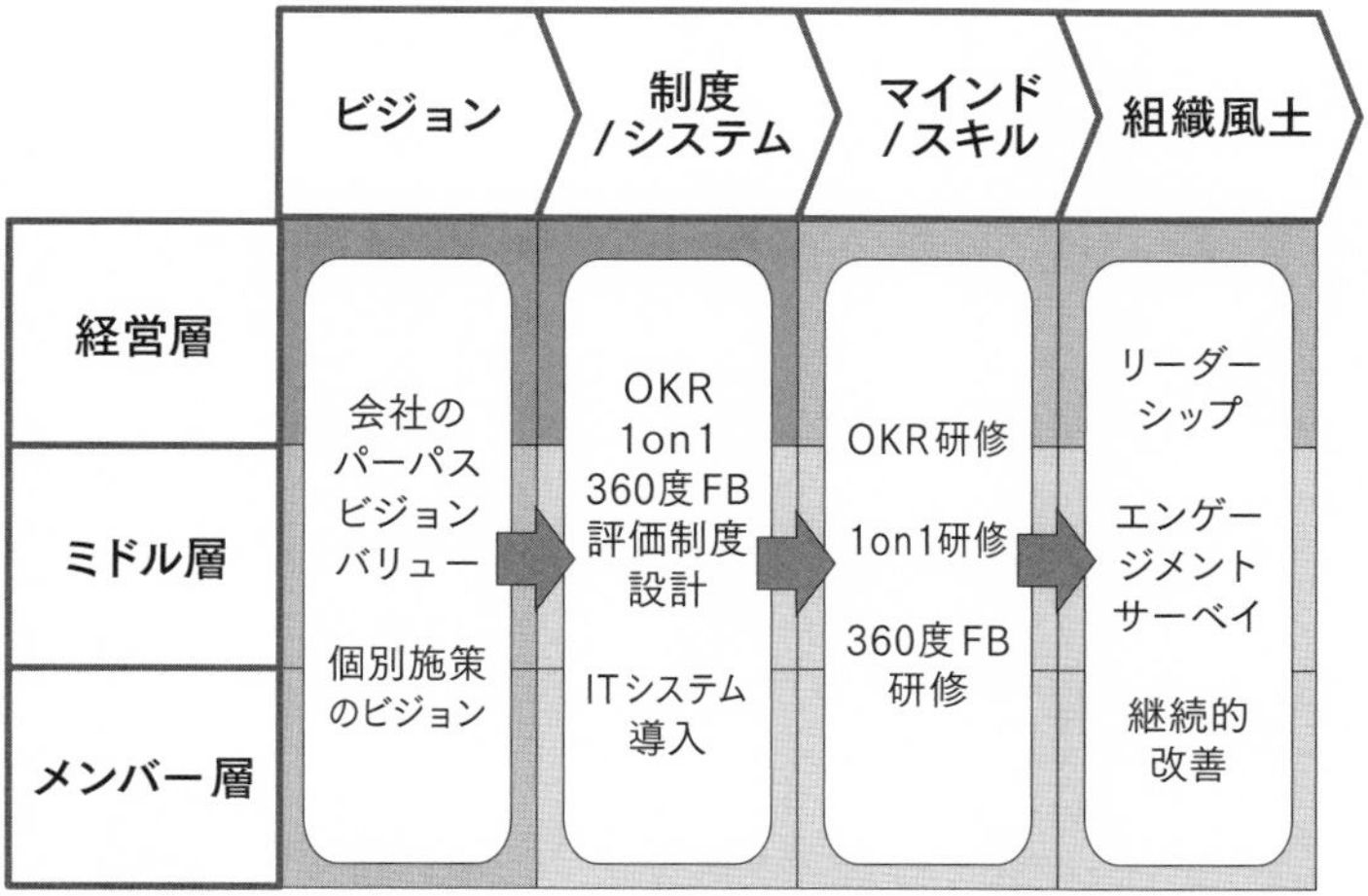

層の一人ひとりがオーナーシップ（当事者意識）を持って行動する状態を創り出していくことが必要です。それに向けて、縦と横からなる升目に対して、どのような順番で何を働きかけていくかというシナリオを変革マネジメントで描きます。

以下では横軸に沿って概要を解説します。

①ビジョン

変革によって最終的に目指すところは、会社のビジョン（パーパス・ビジョン・バリュー）の実現にありますが、個々の施策（制度）に関してもそれによって何を目指すのかというありたい姿を明確にして共有することが重要です。例えば、「360度フィードバックの導入によって、一人ひとりが学び、変化することに意欲的なフィードバックカルチャーを組織に浸透させる」といったビジョンが共有されることによって、何のためにやっているのかという目的が常に意識されるようになります。

②制度／システム

マネジメントプロセスの具体的な内容を設計することによって、何を行うべきか、どういう基準やルールに則って行うかが組織内で理解できる状態になります。それを制度として規定することで、マネジメントプロセスが組織のハード面に組み込まれます。

個々の制度は、望ましい行動様式（すなわちバリュー）を促進することを主眼において設計される必要があります。つまり、バリューが制度の設計思想となります。例えば、ＯＫＲの設定に当たっては、自律性・主体性というバリューを重視して、上位目標を配分するような立て方を禁止するといった規定があげられます。

また、新たなパフォーマンスマネジメントを現場で運用するためには、ＩＴシステムの活用が不可欠です。ＯＫＲの複雑なツリー構造を組織内で共有するには、ＩＴシステムが欠かせません。また、ＩＴシステムを活用することによって、現場におけるＯＫＲや１ｏｎ１の実施状況が即座にわかるようになります。実施状況がわかることによって、制度の定着化のための対策が可能になります。

③マインド／スキル

新たなパフォーマンスマネジメントを実践するためには、一人ひとりの発想の転換が必要です（例えば、管理型マネジメントから支援型マネジメントへの転換など）。これまで常識であったことを払拭し、逆にこれまで常識でなかったことを新たな常識として置き換えるためには、個人での学びと、他者とのコミュニケーションを繰り返すことが不可欠です。研修はそのような新たな常識を浸透させる場として活用されます。

研修はまた、新たな取り組みへの挑戦を可能とするためのスキルという武器を提供する場でもあります。それによって、参加者による現場での実践に対する動機付けを図ります。しかし、マネジメントに関するスキルは研修で学んだだけで身に着くものではなく、現場での経験を通じた学習が必要とされるものです。そのため、研修を企画する際には、研修と現場での実践を何度も繰り返すことで経験学習を促進する設計が求められます。

④組織風土

行動様式の変革は現場での実践を重ねることで、徐々に浸透していくものです。そのため、施策のファインチューニングを重ねながら、とにかく継続することが重要です。その際に不可欠なのがトップのリーダーシップであることは言うまでもないでしょう。経営トップは、パーパス・ビジョン・バリューやトップのＯＫＲに関して頻繁に発言し、みずからより良い組織を創るための組織開発を実践していかなければなりません。

図30｜エンゲージメントヒートマップ

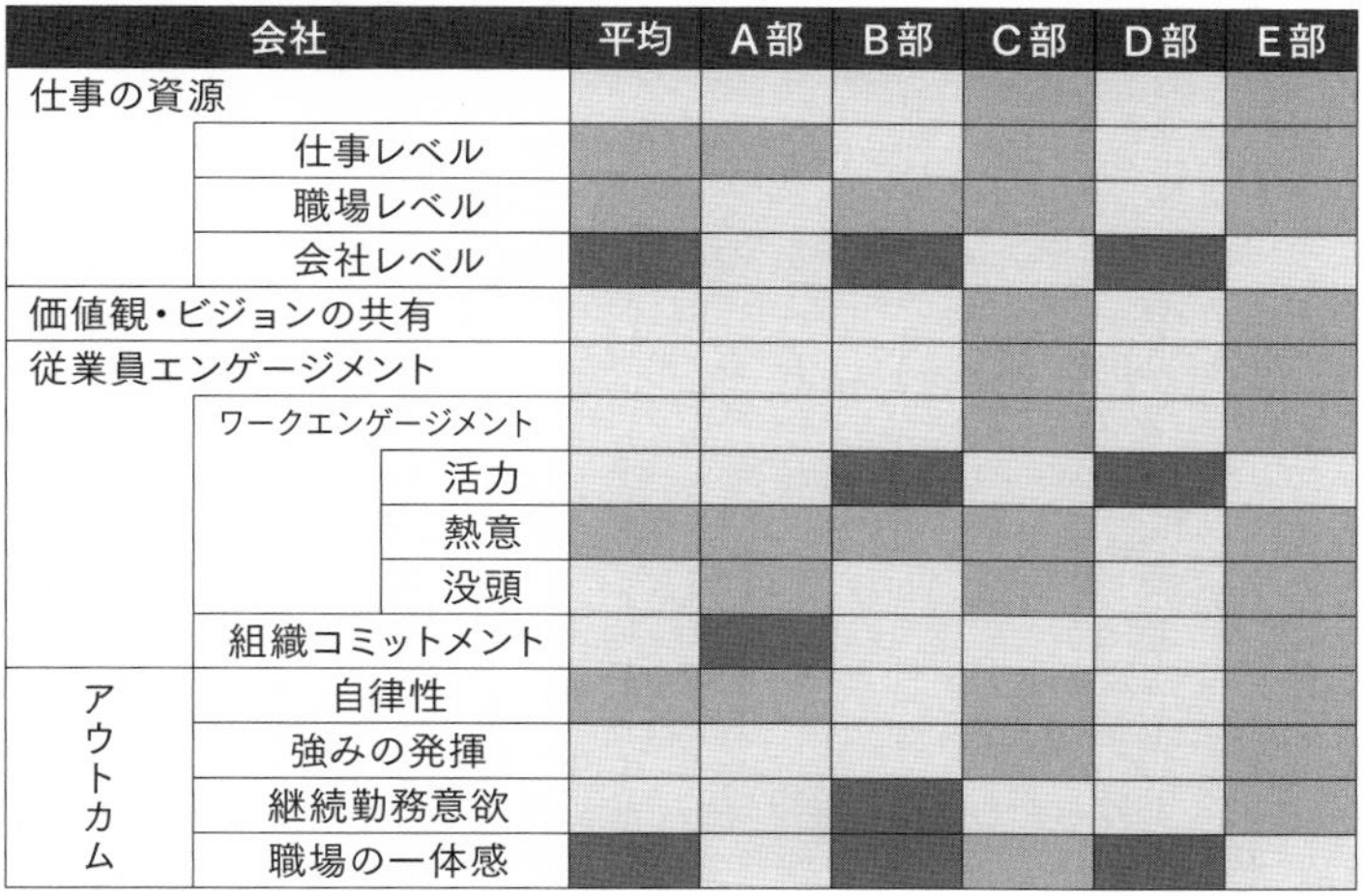

エンゲージメントサーベイの尺度を縦軸に取り、部署を横軸に取ると図30のようなヒートマップができます。図のようにエンゲージメントサーベイの結果はまだら模様となるのが通常です。しかし、まだら模様であるがゆえに改善課題を絞り込むことができ、継続的改善に向けたアクションを講じることができます。

定期的にエンゲージメントサーベイを繰り返すことによって、まだら模様に変化が見られるようになります。それによって、目に見えない組織風土の変化を見える化することが可能になるのです。

3 持続的な組織開発の推進体制

このような変革を推進するに当たっては、組織内において組織開発機能を強化し、ノウハウの蓄積と持続的な推進を図るための体制を構築することが重要です。以下では体制構築に関する2つの事例をご紹介します。

① 組織開発部門の設置

ある企業ではトップが変革を開始するに際して、人事部とは別に組織開発部を設置し、変革マネジメントを推進しました。まず、パーパス・ビジョン・バリューの策定から始め、1on1、OKR、360度フィードバック、エンゲージメントサーベイの順番で、約2年をかけて企画立案から導入・定着化の取り組みを繰り返しました。

組織開発部にアサインされたメンバーは人事の専門家ではありませんでしたが、それが逆に功を奏した面も少なくありませんでした。もともと社内でもはじめての試みなので、みずから勉強しながら、外部の専門家（筆者たち）からノウハウを吸収して、自分たちも学んでいるので皆で一緒に作り上げていこうと社内に働きかけることによって、組織メンバーの主体的な参加意識を高めることができたと思います。

同社では組織開発部が事務局となり、組織横断的なコミュニケーションの場を数多く設定しています。OKRの検討などの他にも、自分たちで組織をより良くしていくための従業員応募型のアワードなどを催すことを通じて、同社のパーパス・ビジョン・バリューの実現に向けた組織づくりを推進しています。

②ＨＲＢＰ機能の強化

別の企業では、各部門に配置された人事担当者（いわゆるＨＲＢＰ：ＨＲビジネスパートナー）の組織開発ノウハウを高めることを通じて、全社的な組織風土変革の取り組みを推進しています。

同社では、１ｏｎ１を通じたリーダーとメンバーのコミュニケーションがすべての人事施策の基盤であると捉え、１ｏｎ１の全社への展開をＨＲＢＰが中心となって推進する体制を作りました。具体的には、１ｏｎ１の導入に際する研修をＨＲＢＰが社内講師となって実施することを通じて、１ｏｎ１を通じた支援型マネジメントのプロセスを浸透させています。

研修コンテンツ自体は本社の人事部門において外部（筆者たち）のノウハウを活用して準備し、数度にわたる社内講師向け研修を経て、ＨＲＢＰが自分たちで研修を実施できるまで養成を行いました。支援型マネジメントという新しい概念を、ＨＲＢＰがみずから教えることができるレベルまで深く理解することによって、ＨＲＢＰがいわゆる「チェンジエージェント」となって組織に伝播する役割を担っています。

１ｏｎ１の展開後は、ＨＲＢＰが１ｏｎ１の実施状況をＩＴシステムも活用しながら把握し、エンゲージメントサーベイの結果も活用しながら継続的な改善を行っています。このような体制を構築することによって、１ｏｎ１の基盤の上に第２、第３の施策を重ねていくことが可能になっています。

おわりに

１９８６年に私が社会に出て外資系のコンサルティング会社に入社した時、そこにＭＢＯの制度はありました。しかし、今のＭＢＯとはかなり違ったもので、ピーター・ドラッカーが提唱した本来のＭＢＯに近いものでした。それは、今後の事業につながるような自由研究に予算（時間）を付けてくれるもので、今のグーグルの20％ルール（自分のやりたいプロジェクトに20％の時間を使える制度）に似た制度と言えます。

私は若手のコンサルタントとして、さまざまな企業のプロジェクトに参画しましたが、顧客側のプロジェクトリーダーはほとんどが30代でした。会社から重要なプロジェクトを任され、思う存分、自分らしいリーダーシップを発揮していた姿は今でも目に浮かびます。現在のようなＭＢＯも評価のレイティングもない時代でした。

１９９２年に、私はひょんな成り行きからチェンジマネジメント部門の立ち上げに参加しました。それ以来、今日までの30年余り、人と組織の変革支援が私の主たる専門分野となっています。

チェンジマネジメント部門は10年で100人を超える組織に成長しましたが、その10年で日本企業は大きく様変わりしました。組織の構造改革や成果主義人事の導入が盛んに行われ、企業は筋肉質にはなりましたが、以前の自由闊達さは次第に失われていきました。

2005年に私は人と組織の変革支援の会社を立ち上げ、キャリア開発を軸としてサービスの開発と提供を行ってきました。企業が個人のキャリアを保証することが困難な時代に入ったため、個人が自分自身でキャリアを考えることの重要性は高まっていました。しかし、短期業績中心の日常的な目標管理と、個人の中長期的なキャリアビジョンの間にある断絶感は、いかんともしがたいものでした。

2010年を過ぎた頃から、私は今の1on1につながる、支援型のピープルマネジメントをテーマとした取り組みを始めました。そこでもやはり現場におけるMBOとの矛盾に悩まされ続けました。しかし、2015年頃に米国の企業が次々とレイティングを止め始めたというニュースを知って、転機が訪れたと感じました。日本企業のMBOやレイティングは、もともとは米国から輸入されたものだったので、この流れは日本にも来るに違いないと確信したからです。

私は日本企業のパフォーマンスマネジメントの革新を後押しすることを自分自身のミッションと課して、2018年に株式会社アジャイルHRという会社を立ち上げました。その後、今日までの5年間、本書で解説した新たなパフォーマンスマネジメントの実地での導入支援を続けています。

私のアイデアを快く受け容れ、自社に導入する意思決定をしていただいた企業のトップや人事責任者の方々がおられなければ、本書を執筆することはできなかったと思います。各社への導入の過程でアイデアを継続的に肉付けし、より効果的に機能するための実務的な知見をたくさん得ることができました。心より感謝いたします。

本書は従来の目標管理制度や評価制度に代わる、新たな人事・組織マネジメントの全体像を伝えることを目的に執筆しました。その目的が叶い、パフォーマンス／キャリアマネジメントの変革に着手する会社が増えることを祈念してペンを置きます。

2023年2月

松丘 啓司

参考文献

注 1：島津明人著、「新版 ワーク・エンゲイジメント」労働調査会、2014 年、2022 年

注 2：厚生労働省編、「令和元年版 労働経済白書」第 3 章、2019 年

注 3：「従業員のパフォーマンスを左右する 6 つの動機」（レンジー・マクレガー、ニール・ドシ、Diamond ハーバードビジネスレビュー、2016 年 3 月 16 日）

注 4：「目標管理制度の限界－ OKR に学ぶ発想の転換」（松丘啓司、経営センサー、2019 年 5 月）

注 5：チャールズ・A・オライリー、マイケル・L・タッシュマン著、渡部典子訳、「両利きの経営」東洋経済新報社、2019 年

注 6：ジョン・ドーア著、土方奈美訳、「Measure What Matters 伝説のベンチャー投資家が Google に教えた成功手法 OKR」日本経済新聞出版、2018 年

注 7：”Goals Research Summary”（Gail Matthews, 2013）

注 8：”Driving Breakthrough Performance in the New Work Environment”（CEB, 2013）

注 9：松丘啓司著、「人事評価はもういらない　成果主義人事の限界」ファーストプレス、2016 年

注 10：マーカス・バッキンガム、アシュリー・グッドール著、櫻井祐子訳「NINE LIES ABOUT WORK 仕事に関する 9 つの嘘」サンマーク出版、2020 年

注 11：松丘啓司著、「1on1 マネジメント　どこでも通用するマネジャーになるためのピープルマネジメント講座」ファーストプレス、2018 年

注 12：キャロル・S・ドゥエック著、今西康子訳、「マインドセット「やればできる！」の研究」草思社、2016 年

注 13：“Kill Your Performance Ratings” (David Rock, Josh Davis and Elizabeth Jones, 2014)

注 14：“The Best and the Rest: Revisiting the Norm of Normality of Individual Performance” (Ernest O’Boyle Jr. and Herman Aguinis, 2012)

注 15：“No Review, No Problem: Making Talent Decisions without Ratings” (Human Capital Institute, 2015)

注 16：ジム・コリンズ、ビル・ラジアー著、土方奈美訳、「ビジョナリー・カンパニー　ZERO」日経 BP、20 2 1 年

注 17：経済産業省、「人的資本経営の実現に向けた検討会 報告書～人材版伊藤レポート 2.0 ～」、2022 年 5 月

注 18：「キャリア自律を促進する要因の実証的研究」（堀内泰利、岡田昌毅、産業・組織心理学研究 第 29 巻 第 2 号、2016 年）

参考文献

注 19：”Intangible Asset Market Value Study”（Ocean Tomo, 2020）

注 20：「開示の視点から見た人的資本投資のポイント～投資項目のマテリアリティ特定とプライオリティ付け～」（眞武尚史、資本市場アップデート、2022年 3 月）

注 21：守島基博著、「全員戦力化　戦略人材不足と組織力開発」日本経済新聞出版、2021 年

注 22：労働政策研究・研修機構、「中小企業における人材の採用と定着－人が集まる求人、生きいきとした職場／アイトラッキング、HRM チェックリスト他から－」労働政策研究報告書 No.147 2012, p219

注 23：「事業場におけるメンタルヘルスサポートページ」https://mental.m.u-tokyo.ac.jp/a/87

注 24：中原淳著、「サーベイフィードバック入門－「データと対話」で職場を変える技術 これからの組織開発の教科書」PHP 研究所、2020 年

注 25：株式会社アジャイル HR と国立大学法人東京大学大学院医学系研究科川上憲人教授の研究室（精神保健学分野）による共同研究　「オンライン 1on1 ツールを用いたマネジャーの行動促進による部下のエンゲイジメント向上機能に関する共同研究（1）エンゲイジメント向上のためのマネジメントコンピテンシー尺度の開発」、2022 年

注 26：中村和彦著、「入門　組織開発　活き活きと働ける職場をつくる」光文社、2015 年

【著者プロフィール】
松丘 啓司（まつおか・けいじ）
株式会社アジャイルHR 代表取締役

1986年、東京大学法学部卒業後、アクセンチュアに入社。チェンジマネジメントグループの立ち上げに参加し、ヒューマンパフォーマンスサービスライン統括パートナーを経て独立。2005年にエム・アイ・アソシエイツ株式会社を設立し、キャリア開発やダイバーシティ&インクルージョンの研修とコンサルティングに従事。2018年にパフォーマンスマネジメントの変革をミッションとする株式会社アジャイルHRを設立。主な著書に、『1on1マネジメント』『人事評価はもういらない』『アイデアが湧きだすコミュニケーション』『論理思考は万能ではない』（以上ファーストプレス）などがある。

エンゲージメントを高める会社
人的資本経営におけるパフォーマンスマネジメント

2023年4月10日 第1刷発行

◉著　者 松丘 啓司
◉発行者 上坂 伸一
◉発行所 株式会社ファーストプレス
〒105-0003 東京都港区西新橋1-2-9 14F
電話 03-6433-5378（代表）
https://www.firstpress.co.jp

装丁・DTP 株式会社オーウィン
印刷・製本 ベクトル印刷株式会社

ISBN 978-4-86648-021-3
落丁、乱丁本はお取替えいたします。

Printed in Japan